陳一鳴的名人牆

美國總統 **歐巴馬**

美國前總統 **柯林頓**

美國前國務卿 **希拉蕊**

動物保育專家 **珍‧古德**

諾貝爾和平獎得主 **達賴喇嘛**

女神卡卡（Lady Gaga）

Google 創辦人 **佩吉**（左） **和布林**（右）

名影星 **班·艾佛列克**

柏林影展影帝 **李奧納多·狄卡皮歐**

奧斯卡影后 **娜塔莉·波曼**

奧斯卡影后 **葛妮絲·派特洛**

奧斯卡影帝 **羅賓·威廉斯**

金球獎影帝 **李察·吉爾**

喜劇天王 **文斯·范恩和歐文·威爾森**

性格男星 **伍迪·哈里遜**

BODY.MIND.SPIRIT

身、心、靈，

全面向上提昇！讓自己更好！

Google最熱門的自我成長課程！

幫助你創造健康、快樂、成功的人生，在工作、生活上脫胎換骨！

搜尋你內心的關鍵字

Google「開心一哥」
Chade-Meng Tan 陳一鳴

SEARCH INSIDE YOURSELF

The Unexpected Path to Achieving Success, Happiness (and World Peace)

吳榮平 Colin Goh／插圖　謝儀霏／譯

各界名人強力推薦！

本書以及背後的課程代表了Google文化中最重要的部分
有創見的個人，真的能改變世界！

——【Google執行董事長】艾瑞克．施密特

身而為人，我們都能有正面改變。Google工程師陳一鳴的書《搜尋你內心的關鍵字》，
巧妙地把古老的靜觀禪修與當代的EQ領域結合，
告訴我們要避免某些結果，就必須先改變可能的成因。
改變了心靈的習慣模式，你就能改變隨之而來的態度與情緒，找到和平與內在的快樂。

——【諾貝爾和平獎得主】達賴喇嘛

本書提供許多好建議，我最欣賞一鳴提到的觀念：
對他人表現慈悲，也會為自己帶來快樂。

——【美國前總統】吉米．卡特

在出版市場充斥著領導力、策略、統御等等主題的書籍之際，
我為一鳴敢以「EQ」為題材寫作而喝采。書中的精華要義在於認識自己，
他提供的建議與實踐方式，有助於提升我們生活的各個層面，
在過程中也把世界導向更和平、更快樂的可能。

——【新加坡前總統】納丹

《搜尋你內心的關鍵字》是EQ基礎的實用導引，此書有潛力改變生命、傳遞快樂。

——【紐約時報暢銷書《想好了就豁出去》作者、全球最大網路鞋店Zappos執行長】
「鞋王」謝家華

一鳴有如一位睿智幽默的僧侶，讓你在掩卷多年之後仍感動不已。
《搜尋你內心的關鍵字》以當今世界的需求為前提而寫成，
提供了實用也確實有用的工具，送給你歷久彌新的智慧。

——【全球最大的有機連鎖超市Whole Foods Market共同執行長暨共同創辦人】
約翰．麥基

陳一鳴的書充滿幽默與謙遜、智慧與正念，是不可多得的好書。
但更重要的，這是一本珍貴的操作手冊，告訴你如何活出美好人生。
我很少讀到這麼充滿智慧與情感的書。我長大要變成陳一鳴！

——【世界第二大精品飯店「幸福生活酒店集團」創辦人、《新CEO：做自己的情緒總管》作者】
奇普．康利

結合了亙古的智慧與當代的科學，
陳一鳴創作出有趣又實用的成功快樂指南。

——【暢銷作家】狄帕克．喬布拉

我們內在有更多值得開發的地方，不假外求，而挑戰就在於學會尋找之道。
一鳴用淺顯易懂的方式，雕琢出優雅的方法來吸引我們踏上旅程。

——【全球第二大網路設備製造商「瞻博網路」董事長、一四四〇基金會董事】
史考特．克利恩斯

一鳴的謙虛、幽默、聰明，以及——容我這麼說——愛，鼓舞了大家。
遇見一鳴，我感受他洋溢著人同此心的愛。
在本書中，你也可以和一鳴的心靈朋友：智慧、慈悲、平靜，來場人同此心的戀愛。
一鳴告訴你這些工具藏在你身上的哪裡，
用工程師精準的邏輯為你畫好路線，用資深禪修者的慈悲鼓勵你，
接著出乎意料一個轉彎，誘惑你按下「暫停」鍵，
阻隔外在世界科技與現代感的喧鬧擾攘，
時間長到恰巧可以於古老的智慧中、永恆的道路上，在內心找到喜樂。

——【史考爾全球威脅基金會總裁】賴瑞．碧霖

本書透露出Google成功背後秘密的重點。
對有志改革國家裡過時制度與系統的人，本書是個試金石。
不管我們是想在教育、健康照護、公司行號或人際關係中做出正面改變，
《搜尋你內心的關鍵字》告訴我們：只有在每個人每天花時間
增進對內在世界瞭解的基礎下，外在的正面改變才有可能發生。

——**【美國國會議員、《A Mindful Nation》作者】提姆·萊恩**

一鳴寫了一本好書，大家都應該讀。這本巨作著重在EQ，
以及其隱含的慈悲、覺知、同理心等特質，本書至少強調了我們社會需要這些特質。
我所知道最優秀的風險資本家以及企業主，
都擁有一鳴提到的這些特質，這點不令人意外。
就我所見，此書名列個人成長的最佳書籍，有別於其他作品中的冗言，
本書令人耳目一新。一定要讀這本書，它將會大大改變你的人生！

——**【新加坡總理公署處長、新加坡知名作家】陳映嵐**

一開始讀這本書，我有點以長輩的心態自居，像舅舅在看外甥的作文那樣。
但翻著書頁，我發現自己身體坐直了，鑽研起內容，越來越認真地思考他在說什麼。
幾年前我造訪伊朗的庫姆時，有位大阿雅圖拉在和我道別時說：願你找到所尋找的。
我一直都在忖度大阿雅圖拉的這句話。一鳴的書，為我指出了正確的方向。

——**【新加坡前外交部長】楊榮文准將**

甘地說打開聚光燈、探照燈，轉向內心。
一鳴身體力行，告訴我們如何一同與他邁著和平、深刻、仁愛、慈悲的步伐，
去培養以靜觀為基礎的情緒智慧，進而幫助我們平靜、感受和諧，
並且開創更美好的世界。本書實用、易懂、旁徵博引、深入淺出，
再加上「內在搜尋」工具、訣竅、技巧，以及讓人發噱的插圖，
吾友給這個喧嘩不安「資訊過剩的年代」帶來真正發人深省的貢獻。
如果你渴望自主、訓練專注力、心靈智慧，
希望能夠透過每天開明生活踏上覺醒人生的喜樂道路，
我誠摯推薦此書給你。動身尋找，你就會找到。本書是最佳出發點。

——**【佛教禪定上師和學者】舒亞．達斯喇嘛**

陳一鳴想要闡揚的是有科學根據的知覺意識，大眾也欣然聞道。
此外，一鳴也闡揚了對當代有真正重要性的事——
全球的和平仰賴禪修引導的個人經驗。
古老的智慧在書中用令人耳目一新、發人深省的方式呈現。
通往開明之路，從覺醒開始，一鳴以滿腔熱情、幽默、無私來實踐。
本書值得閱讀、分享、大笑、讚揚。

——**【「普世基督徒默禱團體」總神師】文之光神父**

推薦序——

實踐EQ的最佳心靈應用程式

【EQ大師】丹尼爾．高曼

我對Google的第一印象，來自於陳一鳴。一鳴是公司非正式的親善大使，很難不注意到的「開心一哥」（「這點無人能否認」，他的名片就是這麼寫的）。

認識他之後，我發覺一鳴是很特別的人。我從他辦公室門口附近的佈告欄上，略知一二：上頭是一排又一排一鳴與世界有頭有臉人物的合照。一鳴和前副總統高爾。一鳴和達賴喇嘛。一鳴和拳王阿里。一鳴和葛妮絲．派特洛。之後我從《紐約時報》的一則頭版文章得知，一鳴就是那個有名的「Google路人甲」，那個奇特的工程師，社交智能高到讓每個Google的訪客都覺得賓至如歸，也都停步和他合照。

但一鳴的特別之處並不在此，而在於他將精湛的系統分析與善良心地出奇地合而為一。

先說分析的部分。

我之前受邀到「作者在Google」的系列講座中談EQ（情緒智能）。我覺得自己像是另一種Google員工可無限享用的小福利，大概介於按摩和汽水喝到飽之間。

在這個知識分子的堡壘（畢竟你需要頂尖SAT成績才有資格申請Google的工作），我對這場演講其實有點惴惴不安，不知道這個一板一眼的資訊工程公司，是否有人會有興趣來聽軟實力的主題。所以抵達演講廳，也就是Google總部最大的場地時，我驚訝地發現場地大爆滿，人群都擠到走廊上了。顯然大家非常有興趣。

Google的聽眾大概是我接觸過IQ最高的一群，但在當天聽我演講的菁英中，有聰明才智徹底改變工程師EQ的，就是一鳴。一鳴把內容拆解重組，提出他自己的獨到見解：他看出瞭解自我就是EQ的精髓，而實踐這點最佳的心靈應用程式，可以在「靜觀」這個心靈修練的方法中找到。

這個看法構成了一鳴創立之課程的基礎。當他在Google學院為課程揭幕時，將課程定名為「搜尋內在自我」（對網路搜尋公司來說恰如其分）。你也將會讀到，許多在Google裡參加過這個課程的人，都覺得經歷脫胎換骨的洗禮。

一鳴在選擇合作夥伴這點，也展現出他的智慧，比如說禪師諾曼．費雪（Norman Fischer），以及我的老友兼同事米拉貝．布許（Mirabai Bush），也就是「社會靜思心靈中心」的創辦人。一鳴也借重另外一位老友喬．卡巴金的專業，他是把靜觀應用在醫療上的世界先驅。一鳴講究品質，不遺餘力，他和團隊也從禁得起考驗的方法中，精挑細選出最好的，來創造有自覺、幸福、仁慈、快樂的生命。

現在說他的心地善良。

當一鳴見識到內在探索有這等好處，他直覺地想和任何願意嘗試的人分享，而非只限於能夠上Google課程的幸運兒。事實上，我第一次遇到一鳴，他就熱情地告訴我，他的人生目標在於傳播內在平靜與慈悲，以創造世界和平（一鳴對於這個目標相當熱中，讓他越講越起勁，幾乎到了吶喊喧囂的程度，害我有點不自在）。

他的遠見在這本樂趣橫生的書中細細描述著，先是在Google裡試行以靜觀為基礎的EQ課程，接著開放給所有可能受益的人，如他所言：「送出去當作是Google給世界的禮物。」

我和一鳴越熟，就越覺得他不是個平凡的工程師。他是個隱藏的菩薩。隨著本書問世，我可以把「隱藏的」三個字拿掉了。

推薦序——

踏上嶄新的人生探索之旅

【「正念減壓療法」創始人】喬・卡巴金

第一次見到一鳴，我心想：「這個人**究竟**是何方神聖，竟然說自己是Google的開心一哥？」（這頭銜確實印在他的名片上，還多加了一筆「這點無人能否認」）

一鳴邀請我到Google演講，主題為靜觀。我才剛到幾秒鐘，他就滔滔不絕跟我聊靜觀和世界和平，笑話一個接著一個，一鳴式幽默有時還有點難懂。一鳴接著帶我四處走走，第一站是他在Google總部大樓大廳的照片牆……他和幾乎世界上每個名人的合照。「這個歡迎所有國家元首、諾貝爾獎得主和名人到Google的人是誰？他不是在開玩笑吧？他說的話都可以信嗎？」

他跟我說了很多，包括他最終的目標是在有生之年致力開創世界和平，他覺得方法就是讓世人容易獲得禪修的好處。而Google身為Google，在其中可扮演很特殊的角色。

你可以想像當時我腦子的想法：「Google，世界互聯（試圖封鎖或限制連線的國家除外）的典範，有興趣在世界上扮演這樣的角色？或至少是在Google裡的一位有志之士？了不起。也許他只是裝瘋，其實是周遭最清醒的人。他是Google第一〇七號員工，所以當初被錄用一定是因為某方面表現傑出，我不太相信當大家都在替下一波狂潮寫程式的時候，他就只是開心一哥。」

這些是首次造訪時在我腦中盤旋的想法。如果一鳴對此事是認真的，那麼在幽默之外，他潛在的影響力與內涵深深地撼動了我。我印象非常深刻的是他在大廳指給我看的一個設計展示——旋轉的地球，上面有五彩繽紛的光束射入黑漆漆的太空中，每一道光束發射的源頭，都是這一刻Google搜尋正在進行的地點。不同的顏色代表使用的不同語言，光束的長度和該地點進行搜尋的筆數成正比。同時，搜尋的主題不斷湧入另一個大螢幕上。這些展示放在一起，傳遞出這個世界其實是四海一家的感覺，很動人、又發自肺腑，有點像第一次從月球上看到在闃黑太空中的地球那種情緒上的悸動。用Google的話來說，這些展示也傳達出搜尋的力量，以及Google的力量。

此處我不會談在Google演講的內容，也不會談我的同事（一鳴在書中有談到，他們也在這系列中授課）。這些資訊都在YouTube上可找到，YouTube也是Google的。我不會談一鳴在Google引進並主持、也行之有年的「以靜觀為基礎的減壓療法」（MBSR）。我也不會談到以靜觀為基礎的EQ課程——「搜尋內在自我」，這個課程是一鳴和一群不凡之士創立的，這些人本來是慕Google之名、因一鳴而前來造訪的。上述內容只要閱讀本書就能知曉。

我在此處想談的，是我讀了這本書後對一鳴的進一步瞭解，你在展卷之際，也或許該謹記在心——因為這不僅是一本書，而是一套課程，是你可以透過特定練習與導引而順著走下去的道路，是去嘗試理解他人與自己的禪修方式，如果你有系統地實踐，能讓你脫胎換骨、掙脫束縛，但願也能樂在其中。不過，如果你好好試過一遍，發現不好玩，或者壓根兒沒有讓你對心中最深沉美好的部分產生興趣，並可能去助長它，也許此時此刻去修習這整套的「搜尋內在自我」課程並不適合你。但是，種子還是終究會種下的，因為你讀了書，不論做了多少程度的練習，等於是一場對心靈與情緒健康浩瀚無涯的實驗探索，並可應用到你的生活、工作與天職中。

我發現（你也將會發現）撇開所有玩笑話，一鳴是個很認真的人，而且還百分之百投入（你很快就會見識到），致力於靜觀、為世界和平創造條件、讓和平在這個地球理所當然，至少在人類界。他也很認真地利用這個舞台以及 Google 的力量，來讓這一切成真。我猜一開始就是他策略的一部分，先邀請相關之士到 Google 演講：禪修導師、佛教學者，以及從臨床和神經科學角度研究禪修，並應用在醫藥健康、教育等領域的科學家。這是他為計畫搭建的舞台，要把世界往和平的方向推去。先從 Google 開始，然後擴大到全世界。

我猜想，因為一鳴對他的理想如此認真，他知道，靜觀和其改變世界之潛力是如此重要，若過度認真以待，不見得是件好事。所以他把認真用在加入幽默成分，希望能以潛移默化方式來進行。一鳴的幽默感，或許是刻意培養的喜好，但我相信展讀此書之際，身為讀者的你也能很快培養出相同的喜好。更重要的是，喜歡上書中提點的內容，愛上你自己深層內在力量，瞭解只有在認同與滋養他人利益的同時，才能獲得自身最大的利益，以此為準來行動。

以靜觀為基礎的ＥＱ就是這麼回事。因此，在這麼多層面上，實際或是比喻上搜尋內在自我是如此地重要。此處要探索或揭露的，是你身而為人目前的完整樣貌，以及去體悟在全人類的多面結構中，你是多麼深刻地存在。何況，靜觀的重點，並非該往哪裡去，而是完全處於當下，瞭解當下全然存在與覺知的力量。一鳴的課程其實是關於「找到」，而不是在於「尋覓」，是關於探索、恢復、揭露早已屬於你的存在之完整面向，然後透過有系統的培養和練習，來發展、雕琢你的存在。以此為起點，再加上你的至愛、想像力與內在創造力，透過所有但願有效的方法，你的存在必定會在世間彰顯，以造就我們共同的幸福快樂。

聽起來像是烏托邦嗎？絕對不是。但聽起來像是個可行的策略，能開創更和平的世界，從內在到外在、個人到群體、本土到全球？答案是肯定的。一鳴的本意就是要這樣進行。先在Google內部發展課程，接著在工作場所上路測試，現在他準備好用這本書以及之後的種種，以共享軟體的精神，把課程開放給全世界。

「搜尋內在自我」是免費的課程。可以用許多方式、在許多地方使用，你將會親身見證。它的實用度和應用性若有局限，那也只是你本身想像力和體現的極限。「搜尋內在自我」課程仰賴浩瀚的禪修智慧，可以培養靜觀心、慈心、慈悲、喜樂、平靜、體現存在、ＥＱ，以及許多其他我們身心靈基本的層面，只要你通過這個入口，這些你也會擁有。一鳴說得很清楚，他的目標在於「讓禪修的好處為世人所受益」，並見容於主流，當作一輩子練習的益處。而且，更重要的是，儘可能確認每一位可能受探索內在邀請函感動的人，都會去執行、體驗與實踐。

為達到此目的，一鳴已經攤開規劃完善、受過驗證的路徑圖，要在職場和家庭中發展、實踐EQ。這個課程是以最領先的科學為本，再加上對於情緒與EQ的系列研究，以及樂觀的重要、慈悲與仁愛的力量，還有針對靜觀與慈悲的神經科學研究。研究顯示，禪修的顯著好處，可以在僅僅八週的訓練之後，就觀察得出來。理查．戴維森（Richie Davidson）與我和一些同事做了一個研究，顯示職場員工連續八週以MBSR的形式練習靜觀之後，他們的前額葉皮質可看到情緒設定點的轉移，轉而朝向更佳的EQ，近似禪修超過一萬小時的僧侶。這個證據顯示，你不用出家、辭職，或拋家棄子，就能獲得禪修的好處。事實上，要修練身心靈、認知與情緒，工作與家庭正是絕佳的場域，正如一鳴在此描述的。在這個研究之前，普遍認為一個人的情緒設定點在成年前就固定了，無法改變。研究成果顯示，大腦會對這種禪修有回應，因為大腦會重整其活動，取得更佳的情緒平衡。其他的研究顯示，大腦也會重整基本結構，這個現象清楚說明了大腦可塑性。

結果，一鳴真的是既特別又高段（或許有點不按牌理出牌）的禪修導師，如同書中詼諧玩笑的插圖所示。他是第一個說一切都是從別人那裡學來的。他的確有好老師和合作夥伴，有丹尼爾．高曼、米拉貝．布許、諾曼．費雪等等的黃金陣容，但是一鳴自己有效地將其整合，並勤奮地記錄出處來源。如果「搜尋內在自我」和建議的正規修習比起來稍嫌輕鬆，那也是刻意設計的。一旦你親自體驗過練習，動機就很可能出現，自然會延長正規修習的時間，不為了達到特定的狀態，而僅僅是停駐在覺知上，全然超越時間。這是無為、坦蕩蕩存在、純粹覺察的練習，與慈悲共存，密不可分。這不是在逃避生活，相反地，靜觀的修習，是一扇大門，通往相連、相依的經驗，並自此衍生出高EQ的舉動、存在的新方法，以及終極的快樂、清澄、智慧與仁慈，不管在工作上或在人世間。我們每個人行為的小小改變，就足以讓世界的晶格結構有所不同。這樣看來，我們就是世界，當我們擔綱演出自己微小、卻不見得不重要的角色時，整個世界就已經不同——我們在情緒上或其他重要面向上展現出的成熟，具有強大的潛在力量。

在進入一鳴的世界、一鳴的心靈之際，我祝你一切都好。更重要的，我也祝你能好好探索自己的身、心、靈及與生命裡的種種關係，也許以意想不到的嶄新方式。希望這趟旅程能徹底給你滋養。也願它帶來和平，不管是內在的還是其他的方式。

很久很久以前，有一位世界知名的EQ專家，同時也是相當有天分的作家。他的朋友鼓勵他寫一本有關靜觀與EQ的書。他深覺此事很有意義，但苦無時間寫作，因此朋友就代替他寫了。我就是那位朋友，而這就是那本書。

丹尼爾，謝謝你信任我來執筆。

目錄

第六章

獲利、划船橫渡大海，以及改變世界

——自我激勵的藝術

搜尋關鍵字：「成就」

第七章

同理心與大腦跳探戈的猴戲

——透過瞭解和同情他人，培養同理心

搜尋關鍵字：「同理心」

導言

搜尋內在自我，開啓人生關鍵之門

向內觀；內在是百善之源。

——羅馬皇帝馬可・奧理略

世界上最快樂的人看起來是什麼模樣？肯定不是像我這樣。事實上，他看來像個穿著藏袍的禿頭法國佬，他的名字叫做馬修．李卡德。

馬修生長於法國。一九七二年，他在巴斯德學院取得分子遺傳學的博士後，決定到西藏修佛出家。我開玩笑跟他說他會選擇出家，是因為在一九七二年他還不能加入Google的行列，而喇嘛似乎是次好的職業生涯選擇。

馬修的職業生涯選擇，帶我們進入為何他成為「世界上最快樂的人」的故事。當達賴喇嘛開始對禪修的科學產生興趣時，他邀請西藏佛教僧侶參與科學研究。馬修想當然耳一定要加入，因為他是貨真價實的科學家，瞭解西方與西藏的思考方式，並有幾十年傳統禪修的修練。馬修的大腦，成了許多科學研究的實驗對象。

在馬修身上進行的許多值測之一，就是他的快樂指數。有一個方法可以測量大腦的快樂值：透過測量左前額葉皮質某些區域的相對活化，和右前額葉皮質相比較。左側的活動量越多，受試者就回報越多的正面情緒，如喜悅、熱忱、精力充沛等等。反之亦然，那些在右前額葉皮質活動量較大的人，表示經歷負面情緒。當馬修的大腦接受掃描時，他的快樂指數完全破表。他是科學測量出最快樂的人。很快地，大眾媒體開始暱稱他為「世界上最快樂的人」。馬修本人並不開心別人這麼稱呼他，這真是有點搞笑。

極度的快樂並不是馬修大腦唯一贏得的功績。他也是首位科學界已知能夠抑制身體自然的驚嚇反射的人。驚嚇反射就是在巨大、突然的噪音之下，快速的臉部肌肉抽動。

就和所有的反射一樣，驚嚇反射也在自主控制的範疇之外，但是馬修可以在禪定中控制它。馬修還是偵測微表情的專家，微表情就是帶著情緒但一閃而過的臉部表情。要訓練人去偵測並解讀微表情是有可能的，但馬修和其他的禪修者未經過訓練，在實驗室中表現出比常模高出兩個標準差，並且勝過所有受過訓練的專業人士。

馬修與其他禪修大師的故事，讓人深受啟發。這些大師告訴我們每一個人都能培養能耐非凡的心靈，這些心靈首要的是深沉地平靜、快樂、慈悲。培養出能耐非凡的心靈，方法甚至連你我都可以取得。本書的內容就在於此。

在Google，公開這些方法、使其廣為人知的努力，是從我們問自己這個問題開始：世人能否用禪修練習來幫助自己在生活、工作上成功？換句話說，我們是否能讓禪修有益於個人的職涯與企業的

「李卡德先生，有一群鹿想見你，要學怎麼抑制驚嚇反射。」

利潤？能夠同時對個人和企業有益的事，必會傳遍天下，如果真能行得通，全世界的人就能更成功地達到目標。我相信此處提到的技巧，有助於開創你及其他人生命中更美妙的平和與幸福，而這樣的平和與幸福終將散播到世界各地。

為了提倡創新，Google 大方地讓工程師花百分之二十的工作時間，從事核心工作以外的計畫。我們小組就用這「百分之二十的時間」來規劃出「搜尋內在自我」。最後我們創造了一個以靜觀為基礎的ＥＱ課程，廣集各界天賦異稟的仁人志士協助，包括一位禪師、一位執行長、一位史丹佛學者，以及寫了介紹ＥＱ的書的丹尼爾．高曼。聽起來好像是個好笑話的序幕（「禪師和執行長兩人走進會議室……」）。

這門以靜觀為基礎的ＥＱ課程，名為「搜尋內在自我」。和 Google 裡的許多事一樣，這名字一開始只是玩笑，最後卻這麼定案了。我成為 Google 歷史上第一個離開工程部門的工程師，加入 PeopleOps（我們如此稱呼人力資源部）來安排此課程以及其他個人成長研習。我很高興 Google 讓工程師來教ＥＱ，實在是了不起的公司。

讓我這樣的工程師教「搜尋內在自我」這樣的課程，結果有出人意料的好處。首先，因為擁有對一切抱持懷疑的科學腦，所以沒有扎實科學根據的東西，我根本不好意思教別人，因此「搜尋內在自我」是奠基於科學之上的。再者，因為很早就進 Google 當工程師，我有相當長的可靠經驗在每日工作上應用ＥＱ，包括開創產品、管理團隊、要求老闆加薪等等，因此「搜尋內在自我」已經過壓力測試，是立即可用在日常生活的實戰準則。第三點，我這個工程導向的大腦，幫助我把學說從禪修的傳統用語，轉換到我們這些絕對務實的人所能處理的語言。比方說，禪修者說「對情緒的深刻覺察」，我會說「用更高的解析度來感知情緒的變化」，進而解釋此為有能力察覺到情緒出現、情緒平息，以及這當中的細微變化。

由此可見，「搜尋內在自我」有讓人服氣的特性，因為它有扎實的科學基礎、相當實用，而且用的語言連我都能懂。看吧？我就知道工程學位還是有用武之地的。

「搜尋內在自我」從二〇〇七年開始，在 Google 內部開課。許多學員覺得課程改變了人生，不管在職場上還是個人生活中，幫助他們學會去搜尋自己內心的關鍵字。我們收到許多課後感想，內容大致都是：「我知道聽起來有點誇張，但我真的覺得這門課改變了我的人生。」

在職場上，有些學員找到自己工作的新意義和成就感（甚至有人在上完「搜尋內在自我」課程後，改變了原本要離開 Google 的決定），有些學員在工作上的表現更好。舉個例子，工程部經理比爾．杜恩發現給自己一些優質時間是很重要的，所以他把工時減少到一週工作四天，這麼做之後，他還升官了。比爾找到時間照顧自己，並找出方法，減少作為、增加成就。我問比爾他在「搜尋內在自我」中體驗到最顯著的改變為何，他說他學到傾聽、控制脾氣、更加瞭解每個狀況，套句他的話：「學習分辨假想與現實。」

上述種種使他成為更有效率的經理，對為他工作的人都有好處。

業務工程師布雷司．帕彭也是一例。「搜尋內在自我」課程幫助他在客戶面前更可靠，因為現在他在產品展示會上，更能平靜地化解異議，說到競爭對手能帶著同情心，向客戶介紹自家產品時大無畏也很坦率，這些特質都為他贏得了客戶的尊重。一位工程師發現自己上過「搜尋內在自我」的課後，變得更有創意。另一位工程師告訴我們，他對手邊案子的兩大重要貢獻，都是做完「搜尋內在自我」裡的靜觀練習後才想出來的。

不意外地，大家覺得藉由「搜尋內在自我」，對個人生活更有助益。很多人回報說，自己明顯更平靜、更快樂了。比如有個學員說：「我面對壓力源的方式完全改變了，我慢慢地思考事情，先同理別人的處境，不要妄下結論。我喜歡**嶄新的自己**！」有些人發現婚姻品質提升了。有些人說藉由「搜尋內在自我」之助，安然度過個人危機。舉例來說，有人告訴我們：「我在上『搜尋內在自我』的過程中，經歷了一樁悲劇——我哥哥過世了，而〈這門課〉讓我能用正面的方式來處理悲傷。」有人簡言之：「我現在用更仁慈、更寬容的眼光來看待自己與世界。」

這本書是根據Google的「搜尋內在自我」課程而來。我們見證了此等智慧與實踐如何提升了修習課程學員的創造力、生產力與快樂。你會在書中找到許多實用的訊息，有些甚至讓你大開眼界。比如說，你會學到如何一有需要就能靜下心來；你的專注力與創造力都能提升；你會越發清明地覺察心靈與情緒的走向。你會發現，自信可以在受過訓練的心靈中自然產生。你會學到找出理想的未來、培養個人成就所需的樂觀與彈性。你會發現，你可以靠練習刻意提升同理心。你會學到社交技巧是可以訓練出來的，你可以幫助別人來愛你。

我覺得最有價值的是，「搜尋內在自我」對現代社會中一般公司行號裡的普通人是如此受用。如果「搜尋內在自我」對傳統在禪堂安居禪修的人有用，沒有人會感到意外。但是此處對象是普通的美國人，在高壓環境下工作、有現實生活與家庭要照顧，卻仍然可以在分散七週內僅二十小時的課程中，改變了他們的生命。

「搜尋內在自我」的歷程分成三個階段進行：

1. 專注力訓練。
2. 擁有自知之明與自主性。
3. 培養有用的心理習慣。

專注力訓練

專注力是所有高階思維與情緒能力的基礎。因此，任何訓練ＥＱ的課程都必須從專注力訓練開始，用意就在於訓練專注力以培養既平靜又澄澈的心靈特質。這樣的心靈特質形成了ＥＱ的基礎。

擁有自知之明與自主性

利用你受過訓練的專注力，來創造高解析度的覺察力，以覺知自己思維與情緒的過程。具備了這點，你就能夠極清明地觀察你的思想流向與情緒的變化，並客觀地用第三者的角度來觀看。一旦你可以做到，就能建立深刻的自知之明，最終能夠完全自主。

培養有用的心理習慣

想像不論何時遇到何人，你習慣、本能的第一個念頭就是：**我希望這個人快樂**。擁有這個心理習慣可以改變職場的每一件事，因為這分真誠的善意會不知不覺感染別人，你也營造出信任，能夠促成高生產力的合作。這樣的心性，可以靠意志力來訓練。

在創建「搜尋內在自我」的課時，我們蒐集了一些最佳科學資料，並召集該領域最優秀的人來打造出證實有用的課程。這是你不會想錯過的課程，足以改變你的人生，沒騙你。

我有信心，當你踏上這精采的旅程，本書會是你寶貴的資源。願你的旅程愉快、收穫滿滿。而且啊，這一路也能促進世界和平。

第一章

連工程師都可以靠EQ成功

——認識EQ，開發EQ——

搜尋關鍵字：「專注」

留在過去的和等在未來的，
都比不上當下存於我們心裡的事物。

——美國著名文學家愛默生

我想用樂觀的筆調來開始這趟共同的旅程，半因為用悲觀的筆調，書會不好賣。更重要的，根據我的團隊在Google等地的教學經驗，我有信心ＥＱ是最能預測工作和人生成功的指標，而且ＥＱ是可以修練出來的。只要接受正確的訓練，每個人的ＥＱ都可以提升。秉持著「嗚都能煮，你也能煮」的精神，像我這樣極度內向、靠大腦工作的工程師都訓練得來，你一定也沒有問題的。

ＥＱ的定義，以彼得·沙洛維（Peter Salovey）與約翰·D·梅爾（John D. Mayer）的最精闢。他們兩位是公認的ＥＱ理論架構祖師，對ＥＱ的定義如下：

ＥＱ是一種能力，能監測自身和他人感覺及情緒，並能清楚辨析，進而使用該訊息來引導自身的思想與行動。

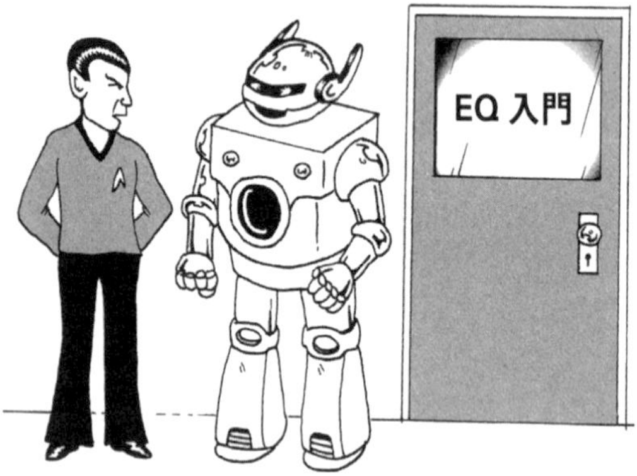

「不曉得為什麼，星際艦隊要我來上這個課。你呢？」

推廣這個主題的重量級著作就是《ＥＱ》，作者是對我亦師亦友的丹尼爾．高曼。書中提到的重點之一就是ＥＱ並非與生俱來，而是後天學習而來。換句話說，ＥＱ是可以靠練習而具備的能力。

高曼將ＥＱ分為五個範疇，這是個很實用的架構。這五類分別是：

1. 自我認知：瞭解自身的內在狀態、偏好、才能及直覺。
2. 自我調節：管理自己的內部狀態、衝動與應變對策。
3. 自我激勵：引導或促進自己達成目標的情緒傾向。
4. 同理心：深入瞭解他人的感覺、需求與掛念的事。
5. 社交技巧：精通人際關係，能引導他人的情緒反應。

進行和ＥＱ相關領域研究的，並不是只有沙洛維和梅爾，霍華．嘉納（Howard Gardner）亦屬此領域，他因引介多元智能的概念而聲名大噪。嘉納認為人的聰明才智不能只用ＩＱ測驗來測量，舉例來說，解數學題可能沒那麼強的孩子，在語言藝術或作曲方面卻可能極有天賦，這樣也應算聰明。嘉納羅列出七種智能領域（之後又增加為八種），其中兩種——內省智能與人際智能——尤其和ＥＱ有關，嘉納稱之為「個人智能」。高曼的五類ＥＱ和嘉納的個人智能非常相符，ＥＱ的前三類就是內省智能，後兩類則為人際智能。

ＥＱ是經由學習而來的這個概念，對我來說最好的例證並非來自於學術著作，而是來自於《聖誕頌歌》（又譯：《小氣財神》）裡的角色——守財奴史古基（Scrooge）。故事之初，史古基顯然是低ＥＱ的化身。他的內省智能實在太低了，儘管家財萬貫，卻完全無法為自己創造情緒上的富有。他太沒有自知之明，還要三個聖誕鬼魂幫助他找到自己。當然，他的社交技巧也糟得離譜。不過，故事接近尾聲時，從史古基的表現看得出他ＥＱ提高了，他的自覺能力變強了，變得能夠控制自己的情緒命運，同理心與社交技巧也進步許多。史古基顯示出ＥＱ是可以培養的（至於要花多少時間，我看的那個版本是電視播的電影，全程兩個小時，中間還夠時間播廣告，而你的時程表可能又不一樣囉）。

本書將會逐一檢視ＥＱ每個範疇的發展。幸好不用等到聖誕節。

ＥＱ帶來的好處

你可能會問：「是啦，你說得是很好，不過ＥＱ能幫我做什麼？」以工作環境來說，ＥＱ能增進三組重要的技巧：優異的工作表現、出色的領導本領，以及開創幸福的能力。

優異的工作表現

ＥＱ能增進的首推優異的工作表現。研究指出，要邁向卓越，比起單純智力和專門技術，ＥＱ具有兩倍的重要性。倡導學習樂觀的當代正向心理學之父馬丁．塞利格曼（Martin Seligman）做過一項研究，發現樂觀的壽險顧問第一年賣出的保單，比悲觀的同行多百分之八，第二年則多了百分之三十一（是的，我很樂觀地相信本書會暢銷）。

這點我不意外，畢竟對許多銷售或服務業而言，ＥＱ確實很重要，這是常識。我驚訝的是，這份報告提到ＥＱ對於在科技業的個人工作者也很重要，也就是像我這樣、大家以為純粹靠聰明才智吃飯的工程師。根據該研究，在科技產業，要從表現普普中脫穎而出所應具備的能力，前六種依序為：

1. 有高成就標準，對達成目標幹勁十足。
2. 影響力。
3. 概念思考能力。
4. 分析能力。
5. 肯主動接受挑戰。
6. 自信。

六種能力中，只有兩種（概念思考能力、分析能力）和ＩＱ有關，其餘四種（包含前兩項）都屬於ＥＱ範疇。

ＥＱ高有助於各行各業在工作上表現傑出，工程師也不例外。

出色的領導本領

ＥＱ能讓你成為更出色的領導人。每天和上司、下屬互動的我們，對這一點一定能心領神會，亦有研究提供科學證據支持我們的直覺想法。舉例來說，高曼報導過一分析資料，證實讓傑出領導人脫穎而出的關鍵特質中，高達百分之八十到百分之百就是ＥＱ。最佳的例證就是傑拉德．葛林斯坦（Gerald Grinstein），身為公司的執行長，他必須面對削減開銷的痛苦過程。葛林斯坦作風強勢，但身為人際智能的大師，他贏得員工的同心合作，並成功提振員工的士氣與忠誠度，雖然必須作出艱難的決定，卻讓一度欲振乏力的公司就此翻身。事實上，葛林斯坦的魔法不只施展一次，而是兩次：第一次是擔任西方航空的執行長時，第二次則是達美航空的執行長。葛林斯坦接手達美航空時，公司身處危機，他馬上著手恢復公司內部溝通管道的暢通、建立起內部的互信。他瞭解營造正向工作環境的重要，也因為用了非凡的領導技巧（ＥＱ），將烏煙瘴氣的工作環境轉變成和樂融融的大家庭。

同樣地，我並不覺得這個例子有什麼大不了，因為我們早就知道ＥＱ在領導力中的重要，讓我覺得很了不得的是這點也適用於美國海軍。領導能力專家華勒斯．巴赫曼（Wallace Bachman）的研究指出，最有效率的美國海軍將領一般「較積極、外向，情感表達較豐富，較溫暖而樂群（包括更常面帶微笑），較友善、民主，較樂意合作，較風趣、令人喜歡，較容易賞識人、信任人，甚至比一般人更溫柔」。

軍事領導在我的想像中，通常是冷酷無情的軍官大聲發號施令、要求下屬遵命。令我吃驚的是在軍隊中最佳領袖和普通領袖的最大分野，竟然也是ＥＱ，這點實在很有意思。最佳軍事將領基本上就是能相處愉快的好人。有趣的是，巴赫曼的研究題目就叫做「好人致勝」。

軍隊裡的好人

開創幸福的能力

或許最重要的是，ＥＱ有助於我們發展能力，來創造出讓自己長期快樂的條件。馬修・李卡德將快樂定義為：「從極度健康的心靈產生的深層的綻放感……不單單只是歡愉的感覺或短暫的情緒、感受，而是最佳的存在狀態。」而最佳的存在狀態就是「對於心智運作的敏銳瞭解，所帶來的深遠情緒平衡。」

馬修的經驗告訴我們，快樂是種可以訓練的技巧。訓練需從深入瞭解人的心智、情緒，以及對人生經驗的體會開始，再進一步進行練習，深度地將內在幸福最大化，最終產生源源不絕的快樂與慈悲。

我自己的經驗和馬修很像。小的時候，我自然就是不快樂，如果沒什麼好事發生，我自然而然就是不快樂。現在則恰恰相反：如果沒特別的壞事發生，我自然而然就是快樂，我開心到我在Google的職位頭銜就是「開心一哥」。我們都有一個快樂的設定點，當開心狂喜或難過苦惱的感覺逐漸消退時，就會回到這個設定點。很多人認為這個設定點是固定不變的，但從我個人和馬修等其他人的經驗看來，這個設定點是能靠刻意訓練來改變的。

幸好，幫助我們培養ＥＱ的技巧，也可以幫助我們確認和發展促成我們深層幸福的內在因素。培育ＥＱ的東西，同時也有助於開創快樂的條件。所以，培養ＥＱ時免不了會有副作用，快樂就是其一，而其他的副作用還有適應力、樂觀、仁慈（不妨打電話和醫師諮詢一下，看快樂是否適合你）。

老實說，ＥＱ所能增進的三件好事中，我真正關心的只有一件（噓，這個秘密只有你、我和其他百萬名讀者知道。其他兩項：優異的工作表現和出色的領導本領固然有用，也有科學證據背書，卻只是我用來獲得上級主管認可的），我真正關心的是同事的快樂，所以ＥＱ才讓我這麼興奮。ＥＱ不只開創工作成功的環境，也為大家創造個人快樂的環境，而我喜歡快樂。

達到自己的最佳狀態

如果有一個詞能總結我剛說的一切（提示：的確有），那個詞就是**達到最佳狀態**。開發ＥＱ的目標在於幫助你達到最佳狀態，並達到比你目

「沒錯，你罹患了快樂症。不過好消息是我可以馬上把你治好。」

前能力更高的層次。即使你目前已經有極出色的表現（Google內部課程裡的每個人皆如此），磨練、深化你的ＥＱ會帶給你額外的優勢。我們希望本書中的訓練有助於你從優秀邁向卓越。

重塑大腦，培養及訓練ＥＱ

來參加我們這種掛著「ＥＱ」招牌的課程學員，多半以為這是一門純粹與行為相關的課程，認為講師會呼籲他們待人和善、有福同享、不對同事開戰。

我們選擇了完全不同的方式，焦點主要放在拓展大家情緒能力的廣度與深度，出發的宗旨是ＥＱ為情緒管理之大全，和所有技巧一樣，情緒管理技巧是可以訓練的。我們設計出課程來訓練這些技巧，相信只要發展技巧，行為的問題就能自動消失。舉例來說，如果學會有技巧地管理自己憤怒的能力，那麼所有和「憤怒」有關的行為問題都會神奇地自動消失。情緒管理讓我們擺脫情緒衝動的枷鎖，當我們被情緒拉著走，就會衍生問題，但若我們有足夠的技巧來處理情緒，不再受情緒的支配，那麼行為就能理性，對自己、對別人都好。我們自然能待人和善、有福同享、不對同事開戰。

ＥＱ是可以訓練的，成人亦然。這個主張是根據一門頗新的科學「大腦可塑性」而來，其概念為我們的思想、行為和專注之事都會改變大腦的結構與功能。就拿倫敦舊式黑色計程車司機來當例子吧，要取得執照在倫敦開計程車，你必須在腦海裡從兩萬五千條街道和各個風景名勝中導航，這個艱難的考試得花上二至四年的密集訓練來準備。大腦中和記憶與空間導航有關的部分叫海馬迴，研究指出，倫敦計程車司機的海馬迴比一般人大，也比較活躍。更有意思的是，在倫敦開計程車的時間越長，海馬迴就越大、越活躍。

大腦可塑性有一重大意義：我們可以藉由訓練，刻意改造大腦。舉例來說，我的朋友兼同事——「搜尋內在自我」講師菲利普．高定（Philippe Goldin）所做的研究指出，區區十六堂認知行為治療課程，就能讓有社交焦慮的人在處理負面自信的問題時，增加大腦內與自我調節、語言處理及注意力有關區域的活動。你想想，要是我們可以訓練大腦克服這麼嚴重的情緒障礙，那麼使用大腦來大幅提升情緒生活品質的可能性會有多大！這些篇幅中所提及的科學與練習，在在證實了這個可能。

大腦可塑性的絕佳應用實例來自於克里斯多夫．迪強（Christopher deCharms）所領軍的研究。迪強讓有慢性病痛的人躺在核磁共振掃描機內，使用即時的功能性核磁共振影像技術，讓每位受試者從螢幕中看到失火的影像。大腦內和痛覺相關區域的神經活動越劇烈，火勢就越大。藉由這種視覺播放，他可讓受試者學習調高或調低大腦活動，有了此能力後，受試者表示痛的程度也同等減輕。迪強稱之為「神經影像療法」。

大腦可以訓練，讚。

鍛鍊注意力是ＥＱ的根源

如何開始ＥＱ訓練？就從訓練注意力開始。乍聽之下有點出人意表，畢竟注意力和情緒技巧之間有什麼關係？

答案揭曉：強壯、穩定且富洞察力的注意力能提供你平靜和清澄的心智，恰巧是ＥＱ的根源。比如說，自知之明有賴我們客觀地看待自己，需有能力從第三者的角度檢視自己的想法與情緒，不被情緒淹沒，也不隨之起舞，而只是客觀地看清楚，此處就需要穩定、清晰、不帶批判的注意力。另一個例子告訴我們注意力和自我調節的關聯。有種能力叫做「反應彈性」，名稱很炫，其實就是行動前先暫停的能力。你經歷了強烈的情緒刺激，並不像通常那樣馬上反應（比方說，跟對方駕駛比中指），反而暫停一剎那，這當中給自己選擇要如何在情緒蔓延的狀況下作出回應（比方說，不向對方駕駛比中指，可能會為自己省下許多麻煩，因為該駕駛可能是帶著高爾夫球桿的氣呼呼老頭，又剛好是你新女朋友的老爸）。這種能力同樣需有清楚、堅定的專注力。

套句維特．法藍柯（Viktor Frankl）的話，「刺激和反應之間，存在一空間，空間裡我們有自由和選擇如何反應的能力。從反應中可得到我們的成長與快樂。」平靜清澄的心靈所做的，就是為自己加大這個空間。

訓練注意力品質的方法，就是所謂的「靜觀禪修」。佛學傳統把靜觀之心稱為「念」，念字由「今」和「心」組成，所以念指的是「現在心」的意思。因此，靜觀也普稱為「正念」或「觀心」。喬・卡巴金將**靜觀**定義為「以特殊方法專注：刻意、當下、不加批判」。知名的越南一行禪師用充滿詩意的文字定義靜觀：「對當前實相保持覺知」，我個人很喜歡這個定義，但用喬的定義，似乎較容易對工程師解釋，而我和工程師是同一國的。靜觀是種心靈的品質，我們不時會經歷和享受，但可透過練習大幅增強，一旦練得夠強了，就會直接導向注意力的平靜和清澄，這是ＥＱ的根源。

科學證據指出，增進我們調節注意力的能力，可以大大影響我們對情緒的反應。神經影像學者茱麗・別辛斯基路易斯（Julie Brefczynski-Lewis）與同事所做的一個研究很有趣，當資深禪修者（受過一萬小時以上禪修訓練的人）聽到負面的聲音（比如：女子的尖叫），他們大腦中主管情緒的杏仁核活動較不活躍，新手禪修者的較活躍。另外，資深禪修者所接受的禪修訓練時數越多，杏仁核的活動就越低。這個結論令人大開眼界，因為杏仁核在大腦中有特殊的地位，它是大腦的衛兵，一直不斷地掃描對我們生存有威脅的大小事。

杏仁核是一觸即發的，凡事通常不加考慮。當杏仁核偵測到可能對生存產生威脅的事，如對你猛衝過來的利齒虎、或對你嗤之以鼻的老闆，杏仁核就會轉換到「迎戰－逃跑－動彈不得」的模式，蒙蔽了你的理性思考。不過，單單經過注意力訓練，你就能調節像杏仁核這麼原始、重要的大腦區域，實在是很厲害。

另一組研究來自洛杉磯加州大學馬修．李柏曼（Matthew Lieberman）的研究室。自我調節有種簡單的技巧，稱為「情緒標籤化」，就是用文字來標記情感。當你將正在經歷的情緒轉換成語言（如：「我覺得憤怒」），多多少少會幫助你管理情緒。李柏曼提出了這個過程運作方式背後的神經機制。證據指出，文字標籤能增加右腹前額葉皮質（rVLPFC）的活動，這區通常被稱為大腦的「煞車」，接著會增加大腦執行中樞，也就是內側前額葉皮質（ＭＰＦＣ）的活動，能夠抑制杏仁核。

大衛．奎斯威爾（David Creswell）和馬修．李柏曼還有另一個相關研究：靜觀心強大的人，前述的神經過程運作得更好，大腦的另外一區，也就是腹側前額葉皮質（VMPFC）也會被徵召。研究發現，靜觀有助於大腦利用腦中更多的電流，因此在管理情緒上更有效能。

生理層次的ＥＱ訓練

養成了強大、穩定而敏銳的注意力之後，我們要拿它來做什麼？當然是將注意力放在身體上。不過聽來似乎又不太對勁，我們的身體和培養ＥＱ有什麼關係？

專注於身體上，有兩個重要的理由：一是清晰度，二是解析度。

每種情緒都有對應的身體部位。蘿拉．戴利桑納（Laura Delizonna）博士原本是心理學家，後來轉行擔任快樂策略家，給情緒下了很棒的定義：「情緒是基本的生理狀態，其特點為身體上的變化。這些變化不受意識控制，也清楚可見。」所有的情緒經驗都不只是心理的經驗，同時也是生理的經驗。

情緒體驗反應在身體上比反映在心靈上更為清晰。因此，我們試著要體察某種情緒時，如果將注意力從心靈轉到身體上，通常更物超所值。

更重要地，將注意力轉到身體上能達到高解析度的感知情緒。**高解析度的感知**意味著你的感知更細微精確，縱橫時間與空間，而你能夠看著情緒產生、感覺到興衰中細微的變化，並看著它結束。這種能力很重要，因為我們越能感知情緒，就越能管理情緒。當我們能用慢動作感知情緒的產生和變化，就能有技巧地管理情緒，就像電影《駭客任務》很酷的一幕，基努李維的角色尼歐能夠察覺子彈發射的瞬間，慢動作處理彈道，進而躲過子彈。嗯，我們可能沒辦法**那麼**酷啦，不過你懂了就好。我們和尼歐不同，不是靠把時間慢下來以達成任務，而是大幅提升我們感知情緒經驗的能力。

培養高解析度情緒感知的方法，就是把靜觀應用到身體上。拿憤怒來說，你或許能夠訓練自己時時刻刻觀察心靈，當怒火中燒時馬上逮住憤怒，但我們的經驗是從身體下手更容易，也更有效。舉個例子：如果憤怒在你身體上對應的反應是胸悶、呼吸急促、偏頭痛，那麼當你處於不自在的社交場合，開始出現胸悶、呼吸急促和頭疼時，你就知道自己快要發怒了。這個訊息讓你能夠選擇要怎麼去回應（比如：在做出任何自己會後悔的事前先離開房間，或者依情況所需，選擇大發一頓脾氣）。

因為情緒有這麼強烈的生理成分，除非我們在生理層面運作，否則很難培養ＥＱ。所以，我們要把靜觀導向彼處。

最後一點，培養高解析度身體感知有一實用理由，就是強化我們的直覺。很多直覺來自身體，學習傾聽身體的聲音，將使你獲益良多。以下是個生動的例子，節錄自麥爾坎・葛拉威爾（Malcolm Gladwell）的書《決斷2秒間》（Blink）：

> 假設我要你們玩一個很簡單的賭博遊戲。你們面前有四疊撲克牌——兩疊紅牌、兩疊藍牌。這四疊中的每一張牌，可能讓你贏一筆錢，也可能讓你輸錢。你的任務是從任何一疊牌中翻牌，一次一張，以求贏得最多錢。不過，你一開始不知道兩疊紅牌是地雷……只有從藍牌中取牌才能贏錢……而問題來了，要多久你才會發現箇中玄機？
>
> 一群愛荷華大學的科學家幾年前做了這個研究，他們發現大概翻了五十張牌後，多數人會開始感覺到當中的奧妙。我們不知道自己為何偏好藍牌，但此刻卻十分確定賭藍牌的贏面較好。大概翻了八十張牌之後，多數人已經參透牌戲的設計，能清楚解釋翻紅牌會輸錢。不過，愛荷華大學的科學家研究不僅於此，接下來才是本實驗的重頭戲。科學家把參與的賭徒身上連上測謊機，能夠測量手掌皮膚下汗腺的活動。汗腺多半隨體溫變化，但是手掌上的汗腺卻與壓力有關——所以人緊張時掌心會出汗。愛荷華的科學家發現，受試者在翻第十張牌時開始出現壓力反應，還要再翻四十張牌，他們才能說出牌戲似乎暗藏玄機。更重要的是，打從掌心開始冒汗的那一刻，他們的行為也隨之轉變，

開始偏好能贏錢的藍牌。

直覺能夠在身體上體現之因，或許可用神經系統來解釋。馬修・李柏曼綜觀評論，指出：「證據顯示，基底核是內隱學習與直覺的大腦神經基礎。」基底核背後的故事，又是丹尼爾・高曼說得最好：

基底核觀察我們生活中大小情境的所作所為，並萃取出決策原則……對各個領域的人生智慧都儲存在基底核中。基底核非常原始，甚至和語言皮質完全不相連，無法用語言告訴我們它知道什麼。基底核用感覺告訴我們訊息，它和大腦的情緒中樞以及內臟有許多聯繫，因此用身體感受傳遞對錯訊息。

所以，直覺是透過身體來體驗，卻難用言語來描述。

為培養ＥＱ打基礎

要培養ＥＱ，方法是從靜觀開始。用靜觀來訓練專注力的品質，達到高度清晰與穩定的心態。接著，將能量滿載的專注力導向情緒的生理層面，進而能以高清晰度與解析度來體察情緒。有能力可以非常清楚、透徹地體察情緒感受，就是為ＥＱ打基礎。

然後我們從此過著幸福快樂的生活。

接下來的章節裡，我們會更詳細地探索這種方法，以此為基礎發展更多的技巧，去培養ＥＱ的五個範疇。

每天專注於當下兩分鐘

幾乎每天晚上就寢前，我和女兒會一起靜觀冥想兩分鐘。我喜歡開玩笑說兩分鐘最適合我們，因為幼兒和工程師的專注力極限就是兩分鐘。每天兩分鐘，我們安靜地享受活著，享受在一起。更基本地，每天兩分鐘，我們享受存在，就是存在。**單純地存在**，就是生命中最平凡也最珍貴的經驗了。

一如往常，我都拿和幼兒互動的經驗，來當作成人課程的參考。在成人入門課程中，每天兩分鐘的經驗是我教靜觀練習方法的基礎。

靜觀教學經驗給我個好消息，就是靜觀真是簡單到不行。靜觀很簡單，因為我們大家早已知道箇中奧妙，三不五時也體驗過。記得喬．卡巴金曾有技巧地定義靜觀為：「以特殊方法專注：刻意、當下、不加批判。」更簡單地說，我認為靜觀是單純存在的心念。真需要做的，只有當下專注，不帶批判。就是這麼簡單。

靜觀練習困難的地方在於深化、強化、持續，尤其是在日子難過的時候。要時時刻刻擁有強大的靜觀心，讓生活充滿深層的平靜與清晰的存在，即使難過的時刻亦然，這點很困難，需要非常多的練習。但是靜觀本身並不難，容易理解，也容易在心中升起。身為老師，我簡直就是賺到了。

在我的課堂中，解釋靜觀背後的理論和腦科學之後，我提供兩種方式來體驗一下靜觀：一是「容易法」，二是「超容易法」。

名稱很有創意的「容易法」，就是將持續的專注力溫柔地帶到呼吸上，為時兩分鐘，就這樣。開始時知道自己在呼吸，然後專注在呼吸的過程，注意力如果飄走，就溫柔地把它帶回來。

「超容易法」正如其名，甚至更容易，只要沒有目的地坐著兩分鐘即可。人生不可能有比這個更簡單的事了。重點是從「作為」轉成「存在」，這兩分鐘只要「單純地存在」就好了。

如果還要更簡單，你可以在這兩分鐘內在「容易法」和「超容易法」中任意轉換。現在想專注在呼吸上，就轉成「容易法」；下一刻又想漫無目的坐著，那就再轉成「超容易法」。沒人會干涉。

這個簡單的練習就是靜觀練習。如果夠常練習的話，就會深化心靈與生俱來的平靜清澄。它開啟了能夠完全欣賞人生每一刻都珍貴的可能。對許多人來說（包括我），這是改變生命的練習。想想看，學習單純地存在這麼簡單的事，竟然可以改變你的生命。

最棒的是，這是連幼兒都會做的事。喔，還有工程師。

下一章，我們將深入討論靜觀。

第二章

呼吸，就好像生命維繫於此

——從心靈訓練到生活實踐——

搜尋關鍵字：「平靜」

無為而無不為。

——老子

禪修一點也不神秘，只不過是心靈訓練。

禪修的科學定義如茱麗・別辛斯基路易斯所言，是「一系列的心靈訓練，用來讓修習者熟悉特定類型的心靈過程。」

禪修的傳統定義和上述的當代科學定義雷同。藏語中的禪修是Gom，意思是「熟悉或習慣」。最早的佛教經典、有兩千六百年之歷史的巴利語中，禪修一詞為Bhavana，意思是「栽培」，就如同耕種作物一樣。即使在有長期禪修傳統的古老社會中，禪修也不是什麼神秘奇幻之事，而只是心智的訓練。所以如果你期待禪修裡藏有什麼奇幻魔法，那我很抱歉，我的教室裡就是缺少奇幻魔法。❶

誠如上述**禪修**的科學定義所言，禪修有多種類型，是設計來訓練心智的不同能力的。我們特別感興趣的是為培養EQ的特定禪修類型，名為「靜觀禪修」，已在第一章介紹過。

如果禪修是心智訓練，那靜觀所訓練的是什麼心智能力？靜觀訓練兩種重要能力：**注意力**與**元注意力**。前者我們都瞭解，威廉・詹姆斯（William James）曾下過很棒的定義：「以清晰明瞭的形式被心靈佔據。」

元注意力是注意力的注意力，也就是關注注意力本身的能力。一頭霧水？簡單地說，元注意力是有能力知道自己的注意力已經遊蕩出去了。比方說，你原本專注於一件物品上，但注意力終究會遊蕩到別的東西上，過了一會兒，你腦中突然出現「喀啦」一聲，提醒自己：「嘿！你已經分神囉。」這種能力就是元注意力。

元注意力也是專心的秘訣。用騎腳踏車來比喻好了，在腳踏車上保持平衡需要很多微幅返正功夫。當腳踏車稍稍往左傾時，你會往右調整一點以返正，而當腳踏車往右傾時，你也會稍稍往左調整。快速高頻地進行微幅返正，就能創造出不間斷的直立平衡效果。注意力也是一樣，一旦你的元注意力變強，你就能不時快速地將遊蕩的注意力導回。將注意力導回的頻率夠高、速度夠快的話，就能創造出不間斷的注意力，也就是專心。

讓心智既放鬆又警覺

禪修的一大秘密（至少在開始的階段），就是能讓你進入心智同時放鬆卻又警覺的境界。

當你的注意力和元注意力都變強，有趣的事情發生了：你的心智變得更為專注且穩定，而且還很放鬆，就像在平地上騎腳踏車。一旦練習足夠，就越不費力，你就能體驗輕鬆地往前進。你能夠抵達目的地，而且因為輕鬆，一路上還滿享受的。

有了足夠的練習，你甚至還逐漸能夠將心靈帶到想要的狀態，並且能持續一段時間。當心智能同時高度放鬆又警覺時，自然就會出現三種絕佳的特質：平靜、清澄、快樂。

1. 魔法世界其實在倫敦王十字車站的九又四分之三月台，可是哈利波特不讓我說。

打個比方吧，假設你有一壺含有雜質的水，這壺水一直不停地被攪動，所以看起來很混濁。現在你不再攪動水，輕輕把壺放在地上，壺中的水會慢慢靜止，不一會兒，所有的雜質都會沉澱，水變得清澈。這個經典比喻貼切說明了心靈處於既警覺又放鬆的狀態，在此狀態中，我們不再擾亂心靈，就如同不再攪動水壺。最後心靈會逐漸平靜、清澄，正如同水變得清澈靜止。

快樂是心靈原本的狀態

心靈處於平靜清澄的狀態時，有一非常重要的特質，在上述的比喻中沒有提到，那就是快樂。當心靈既平靜又清澄時，快樂自然就會出現，心靈變得有渾然天成的愉悅。

不過，原因是什麼呢？即使我可以隨時進入心靈的平靜快樂狀態，我還是搞不懂。為什麼平靜清澄的心靈，自動就會快樂？我請教了友人艾倫．華勒士（Alan Wallace），在放鬆專注力修行（又稱「**奢摩他**」，也稱「寂止」）的領域，他是西方世界首屈一指的專家。

艾倫認為原因很簡單：**心靈的原本狀態就是快樂**。所以心靈變得平靜澄澈時，就會回到其原本狀態，也就是快樂。就這麼簡單，沒有把戲，我們只是單純讓心靈回到它最原始的「預設值」。

艾倫這位智慧大師，用他一貫平靜、愉悅而低調的態度如是說。但對我而言，他的說明代表了簡單卻又深刻的洞見，足以改變人生。其中的意涵是：快樂不假外求，端看你要不要而已。快樂存乎一心，領悟這點改變了我的人生。

對我來說，在世界歷史上人們不計一切追逐快樂，結果源源不絕的快樂其實唾手可得，只需專注於呼吸上，這無疑是天下最大的玩笑。人生真像場鬧劇，至少我的是如此。

最經濟又划算的「運動」

壺中水有雜質的經典比喻，至少存在兩千六百年了。禪修有另外一個比喻，當代人更易瞭解，就是將禪修比擬為體能運動。禪

快樂是心靈的預設值

修就是心靈的運動。

你上健身房訓練自己的身體，增加體能。練習舉重，日積月累就能更強壯；規律地慢跑，就能越跑越快、越跑越遠。同樣地，禪修就像是訓練自己的心靈，以增加心靈能力。舉例來說，一旦你做很多禪修練習，心靈就會變得更平靜、觀察更敏銳，也就能更專注、為時更長，以此類推。

我開玩笑說，禪修就像是在健身房揮灑汗水，不過不用流汗，也不用健身房。

禪修和運動有一重要的相似處：在這兩者當中，成長都來自於克服阻力。舉例來說，當你在舉重時，每次彎曲二頭肌以對抗啞鈴的重量，二頭肌的肌肉都會變得更強壯。同樣的過程在禪修也看得見。每次你的注意力從呼吸上分了神，而你將注意力再度帶回，就像是彎曲二頭肌——你的注意力「肌肉」會變得更強壯。

這個看法告訴我們：沒有所謂的劣質禪修。對很多人來說，當我們禪修時，發覺自己分神，沒有專注在呼吸上，必須時時把注意力喚回，然後就覺得自己禪修得很糟。事實上，這樣的練習很棒，因為每次我們把渙散的注意力找回，就是讓注意力肌肉有

你在做什麼？
運動我的大腦。
GYM
把禪修當成在運動大腦。

機會成長。

運動和禪修的第二個相似處就是，兩者都可以大幅改變你的生活品質。如果你從不運動，而現在開始規律運動，不出幾週或幾個月，你就會發現自己有明顯的改變。你更有活力，辦事效率更好，比較不常生病，攬鏡自照時覺得氣色變好，就是覺得自己很棒。禪修也一樣。開始禪修生活數週或數個月後，你會更有活力，心靈更平靜、清澄、愉悅。你比較少生病了，笑容變多了，社交生活也提升了（因為笑容變多），你覺得自己很棒。你不用流汗就能達到這些目標喔！

專注於意圖、呼吸和態度的練習

靜觀禪修的歷程其實很簡單，如下頁圖表所示。

歷程始於**意圖**。先有一意圖，也就是想要遵行靜觀的理由。或許是想減輕壓力；或許是想增加自己的健康；也或許想培養ＥＱ，純樂趣或有利可圖都行；或者只是想創造世界和平的條件，諸如此類的。

靜觀禪修的歷程模式

意圖

減輕壓力

提升健康

注意力

專注

平靜

心流

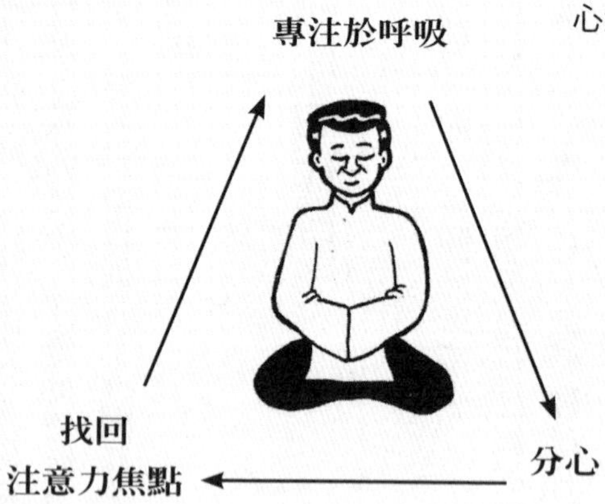

態度

自我批評

仁慈

好奇

認知歷程

沉思

擔憂

幻想

感謝菲利普．高定提供圖表

事實上，假如你真的很懶，或真的很忙，或真的又懶又忙，就可以宣告你的禪修在此階段大功告成。產生好的意圖本身就是一種禪修。每次你心生一個意圖，其實是巧妙地形成或加強心性。若你多次心生同樣的意圖，它終究會變成一種習慣，會在不同的場合中浮現於你的心靈，引導你的行為。舉例來說，如果一天你多次心生想法，想要關心自身的健康，那麼一陣子之後，你會發現（或許無意識地）不論身處什麼情境或作什麼決定，你的行為或決策自然而然會導向以增進健康為前提，而且正因如此，你也真的會更健康。

若你的意圖是針對他人的福祉，那力量就更強大。只要常常想到這個目標，即使沒有作為，你也會發現自己漸漸（同樣地，有時是無意識地）對人更友善、更仁慈。很快地，越來越多人會喜歡你，想和你相處，你甚至不明白箇中原因，只以為這些人是受到你外表的吸引。

有了意圖之後，下一步要**專注於呼吸**。將注意力溫柔地放在呼吸的過程，這樣即可。

「呼吸！呼吸！請專心在呼吸上！」

這個歷程最經典的比喻是城門口的守衛，看著人們進城出城。他什麼事都不做，只是安靜地警戒城門，看著人進人出。同樣地，你可以把自己的心靈想成警衛，留心自己的呼氣與吸氣。如果想要更酷一點，你不妨假裝佩戴警棍。我的朋友，也是「搜尋內在自我」講師伊鳳・金斯柏格有另一個很美的比喻：一隻蝴蝶停在花瓣上，清風拂來，花瓣上下擺動。你的專注力就像是蝴蝶，而花瓣就是呼吸。

此刻你的**注意力**會集中，你進入心靈平靜專注的境界，甚至有心流體驗，與呼吸共處。經過足夠的練習，這種境界能夠持續一段時間，但對多數人而言，可能會持續數秒，然後就開始**分心**。

處於分心狀態時，我們可能會開始沉思、憂慮或幻想，有時我甚至幻想自己不再憂慮。過了一會兒，我們發現自己的注意力跑掉了，很多人這時自然的反應是自我批評，開始數落自己有多糟糕，連禪修都做不好，更進一步否定自己。還好，靠一個小技巧就可以處理這種情況。

首先就是**找回注意力焦點**，做法就是把注意力帶回呼吸的歷程。再者，記住我們在這章稍早討論的重要見解——將跑掉的注意力帶回來的過程，就像在健身房健身時彎曲二頭肌。那不是失敗，而是成長的過程，要培養強健心靈「肌肉」的過程。

第三，要能知道你對自己的**態度**。看看你如何對待自己，對自己惡言相向的頻率有多高。可能的話，將態度轉換成自主的善意與好奇，這種轉換本身就是種禪修。同樣地，這也可培養心性。每次我們生出自主的善意態度，就是一點一滴鞏固了習慣，如果常常如此做，就能克服許多自我憤恨，甚至成為自己最好的朋友。（我想到電影《星際歪傳》裡一句有趣的對白：「我是個 mog，半人半狗。我是自己最好的朋友！」）

有一種很棒的實踐方法，就是禪宗朋友所謂的「老奶奶心境」：將心境轉化為慈祥老奶奶的心境。在慈祥的老奶奶眼中，你怎麼看都漂亮、十全十美。不管你怎麼調皮搗蛋，你都完美無瑕，奶奶無條件愛你。這並不代表奶奶對你犯的錯視而不見，也不代表她容許你傷害自己，有時候她甚至會嚴峻地介入，以免你惹上麻煩。但無論如何，你在她眼中十全十美，她很愛你。

此處的練習就是用慈祥老奶奶的眼光來看待自己。

最後，回到專注於呼吸上，而且只要有幫助的時候，回想自己的意圖。歡迎回來。

假想自己是座山

你可以用任何姿勢來禪修。比如說，傳統佛教界定出四種主要的禪修姿勢：坐、立、行、臥，好像什麼都有了嘛！這些佛教徒真是貪心。

為自己選擇禪修姿勢只需記住一點，一點而已。最佳禪修姿勢就是有助於自己既**警覺**又**放鬆**的姿勢，且可持續一段時間。舉個例子來說，你大概不想彎腰駝背，因為無法幫助你保持警覺，你應該也不想採用會讓背部僵硬的姿勢，因為那無助於放鬆。

還好，已經發展了數千年的禪修姿勢——坐姿，能有效讓人既警覺又放鬆。這個傳統的姿勢有時也稱為七點禪修姿勢。簡言之，七點就是：

1. 背部挺直「像根箭」。
2. 雙腿交叉「蓮花座」。
3. 肩膀放鬆，挺起向後，「像禿鷹」。
4. 下巴微微縮起，「像鐵鉤」。
5. 雙眼閉起或凝望遠方。
6. 舌頭抵住上顎。

7. 雙唇微啟，牙齒不咬緊。

在此不贅述傳統的姿勢。我發現這種姿勢的正式版本對多數現代人來說，一開始很難達到，因為我們不常席地而坐。我們太習慣坐在有靠背的椅子或沙發上，傳統姿勢對許多人而言太彆扭，至少在開始階段。所以我的建議是，知道有實用效能的傳統姿勢就可以了，把它當作指標，然後找出你覺得舒服的姿勢，什麼姿勢都好，重點是能幫助你保持警覺和放鬆。比如說，你要盤腿、要靠著椅背都無所謂，甚至你偏好頂個凱蒂貓娃娃在頭上，這些姿勢皆可，只要能讓你既警覺又放鬆就好。

世界知名的藏傳佛教導師索甲仁波切，建議一種有趣又實用的方法來找出適合你的姿勢，他建議要端坐如雄偉的山。想想你最喜歡的山，如富士山或吉利馬札羅山，然後坐著時假裝是那座山。嗨你好，富士山先生（女士），莊嚴、雄偉、令人敬畏。最棒的是，如果你坐的方式，能感覺莊嚴、雄偉、令人敬畏，那這個坐姿也能幫助你保持警覺和放鬆，而且還很好玩。試試看吧，看看對你有沒有幫助。

「搜尋內在自我」講師伊鳳・金斯柏格，提供了另一個簡單但有用的建議：

深深吸一口氣，把胸腔往上提。把氣吐出來，肩膀往下墜，脊椎保持在原本的位置，就這樣同時體現出河水的流動與山的不動。

我常被問到：禪修時眼睛該張開還是閉起來？搞笑版的答案是：或開或閉，都開都閉，不開不閉。認真一點回答：不管是睜眼還是閉眼，都有好有壞，所以先瞭解再選擇會較妥當。

禪修時閉上雙眼很好，有助於保持平靜、阻隔視覺干擾。缺點在於容易睡著。如果眼睛睜開的話，問題就反過來了，你不會那麼容易就打起盹來，但是容易受眼前物品的干擾。怎麼辦？該怎麼辦呢？折衷之道有二，一屬時間，二屬空間。

時間折衷方案就是開始禪修時閉上眼睛，你昏昏欲睡之時，不時張開眼睛。空間折衷方案則為，如果做得到的話，讓眼睛半開。我總愛打趣說，身為東方人，這點我容易辦到。講正經的，你把眼睛微微張開，視線微微往下，然後眼神放空，不看特定之物。經驗告訴我，最後這個方法最棒。我建議你每種都試試，看看哪種適合自己。

禪修時，我們通常會被聲響、思緒或身體感覺給打斷，我建議用以下四步驟計畫來對付這些干擾：

1. 承認。
2. 不批判、不回應，單純感受。
3. 非回應不可的話，繼續保持靜觀。
4. 放下它。

承認

承認周遭有事發生。

不批判、不回應，單純感受

不論目前你體驗到什麼，就去感受它吧。不要去批判其對錯，讓它去吧，隨它去吧，就像披頭四的名曲。可能的話，也不要有所回應，如果非得回應不可（比如說，你一定得抓癢），在回應前先深呼吸五次，此舉是練習在刺激和反應之間留點空間。我們越能在刺激與反應間留下空間，就越能掌握自己的情緒生活。你在此端坐時培養的技巧，可以套用在日常生活中。

非回應不可的話，繼續保持靜觀

如果你必須回應，比方說得起身或抓癢，請對三件事情保持靜觀：意圖、動作和感覺。記住這個練習的目標不在於靜止不動，而是靜觀。所以，只要你保持靜觀，做什麼事都可以。也就是說，如果你要抓癢，首先將注意力帶到癢的感覺，然後是想抓癢的意圖，最後是你的手臂與手指的動作，以及抓癢的感覺。

就這樣，不多也不少。

放下它

溫柔地把干擾放下，任憑它去。如果干擾想要走，那就讓它走；如果不想走，那就繼續讓它留下。

記住，放下它並非強迫其離開，反而是一種邀請。我們大方地准許受邀者自己選擇要不要接受邀請，而且對任何答案都樂見其成。當我們放走干擾禪修的事物時，其實是溫柔地邀請它不要干擾我們，但寬大為懷地允許它自己決定去留。如果干擾決定要走，那很好；如果干擾決定留下，那也很好。干擾存在之際，我們用善意與寬容以對。這就是放下的心態，隨緣的練習。

最後，如果你記不得這章到目前為止的內容（也許你自己根本不想看，是被老婆硬逼著讀的），大好消息是喬．卡巴金把整章濃縮成一句話：

現在，我要你們都開始呼吸……
……呼氣、吸氣，就好像生命維繫於此。
WHOOFF!
不過午餐吃了大蒜的話，可以不用這麼大口呼氣……

呼吸，就好像生命維繫於此。

如果整章你只能記住一句話，那就記住這句話，你就會理解靜觀禪修。

舒適地靜坐

既然你已經學了靜觀禪修的理論與實踐，我們現在花幾分鐘進行靜觀靜坐。有幾種做法，最簡單的是把上一章介紹的兩分鐘靜觀練習延長。首先，採取禪修坐姿，讓自己保持既警覺又放鬆；只要你覺得舒適時，就可以練習「容易法」（把注意力放在呼吸的過程，要是注意力開始渙散，就溫柔地將它拉回來），或「超容易法」（沒有任何目的地坐著，從「作為」轉為「存在」）。只要你想，隨時可以從「容易法」轉換成「超容易法」。大概進行十分鐘，或者看你喜歡多久就多久，這就是禪修練習。

假使你喜歡更正式、更有條理，可以運用本章之前討論的「靜觀禪修的歷程模式」。首先，採取能讓你既警覺又放鬆的禪修坐姿，覺得很舒適後，邀請意圖產生，那是你端坐在此的原因，也會鼓勵自己繼續練習。將注意力帶到呼吸的歷程。如果心靈平靜又專注，就保持下去；若心靈受到聲響、思緒或搔癢的干擾，辨認干擾的來源，不帶批判地去體驗，然後假如它願意被放走，就任憑其離去。如果你需要動一下，保持意圖、動作與感覺的靜觀，溫柔地將注意力帶回呼吸上。如果自我批判出現，邀請自主善念加入——要是它願意的話；若是不然，就讓它保持原狀。一切皆好。就這樣進行十分鐘，甚至你想要多久就多久。

靜觀禪修

找到舒服的坐姿，然後開始。你的坐姿要能夠讓你同時保持警覺和放鬆，有無達到你自己認定。或者你喜歡的話，你可以坐得像座雄偉的山，標準自己認定。

現在，我們慢慢地深呼吸三次，將能量和輕鬆感灌注到練習中。

現在，回到正常呼吸，輕輕地將注意力放在呼吸上。你可以把注意力放在鼻孔、腹部或整個身體的呼吸循環，自己感覺對了就可以。注意呼氣、吸氣以及吸吐之間的間隔。

（暫停一下）

如果你願意，可以把這種練習想成把心靈擱置在呼吸上。你可以把呼吸想像成休息區，或靠枕、床墊，讓心靈可在上休息，非常溫柔地、單純地存在。

（長長的停頓）

不論何時，只要你覺得受到感覺、思緒、聲響的干擾，直接承認其存在、經歷它，然後溫柔地把它放下。將注意力輕柔地帶回呼吸上。
（長長的停頓）
如果你願意，我們一起邀請愉快的內在平靜升起，來結束這次禪修。
吸氣，我很平靜。
吐氣，我微笑。
當下的這一刻，
很美好。
（暫停一下）
謝謝你的參與。

老兄，科學的根據在哪裡？

禪修和科學至少有一個重要共通點：非常強調探究的精神。就禪修而言，探究的精神有兩個重點。第一點，禪修經常關係到自我探索。是的，我們從訓練專注力開始，但是專注力並非多數禪修傳統的終極目標，真正的目標是瞭解自我。我們之所以營造出品質強大的專注力，就是要能夠培養對心靈、對自我的洞察力。擁有強大的專注力就像是有強大的火炬——舉著火炬很好玩，但真正的目的在於讓我們可以看清楚心靈黑暗的內部，這樣才可以搜尋內在自我。也因為最終是要培養對自我的瞭解，所以探究的精神（至少是內在的探究）一定得是禪修練習不可缺的部分。

探究精神的第二點從內在延伸至外在世界。禪修者對探究實在是習以為常，我們對科學及用科學探索禪修也司空見慣。對於古老禪修傳統（如佛教）中受過訓練的實踐者來說亦然。我許多朋友表示，禪修與科學和平共處令人最訝異的例子，就是達賴喇嘛說：「如果科學分析能確切證明佛教的某些說法是錯誤的，那麼我們必須接受科學的發現，並揚棄那些佛教說法。」

心裡有底之後，我們快速瀏覽一些和禪修有關的同儕審查過的科學文獻。

關於禪修的所有研究中，最重要的就是禪修神經科學領域兩大先驅——理查・戴維森與喬・卡巴金所做的研究。該研究令人大開眼界，原因很多。那是第一個以產業為背景的重大研究，以生技公司的員工為受試者，因此對同樣在大公司服務的我而言，相關性很高。研究指出，經過八週的靜觀訓練後，受試者的焦慮指數明顯降低，結果很好，但不令人意外，畢竟喬・卡巴金的訓練課程名為「以靜觀為基礎的減壓療法」。如果焦慮程度沒有明顯降低，那就有點尷尬了。

更令人訝異的是，測量受試者大腦的電流活動時，禪修組大腦和正面情緒有關的部分，其活動有顯著增加。最引人入勝的發現則和受試者的免疫功能有關：在實驗快結束時，受試者施打流感疫苗，禪修組的受試者產生的抗體較多。換句話說，區區八週的靜觀禪修課程，受試者就明顯地變快樂了（從大腦中測量出來），且免疫力也有顯著提升。

要知道，這項研究並非針對那些寺廟裡身著長袍的和尚，而是以美國大企業裡工作壓力大的尋常百姓為對象。

之後還有希林．史雷特（Heleen Slagter）、安東．盧茲（Antoine Lutz）、理查．戴維森等人針對注意力進行的研究。這個研究專門探索禪修和「注意力暫失」逆差這個有趣現象間的關係。有種很簡單的方式可以解釋注意力暫失。假若你面前的電腦螢幕連續不斷顯示出字元（一次一個字，可能是數字，也可能是英文字母），接二連三、速度極快（字元和字元中間隔約五十毫秒，也就是十分之一秒的一半）。整個字元串皆由字母組成，只有兩個是數字。比如說，字元串是P、U、H、3、W、N、9、T、Y，字母中有兩個數字，而你的任務就是要辨識出這兩個數字。

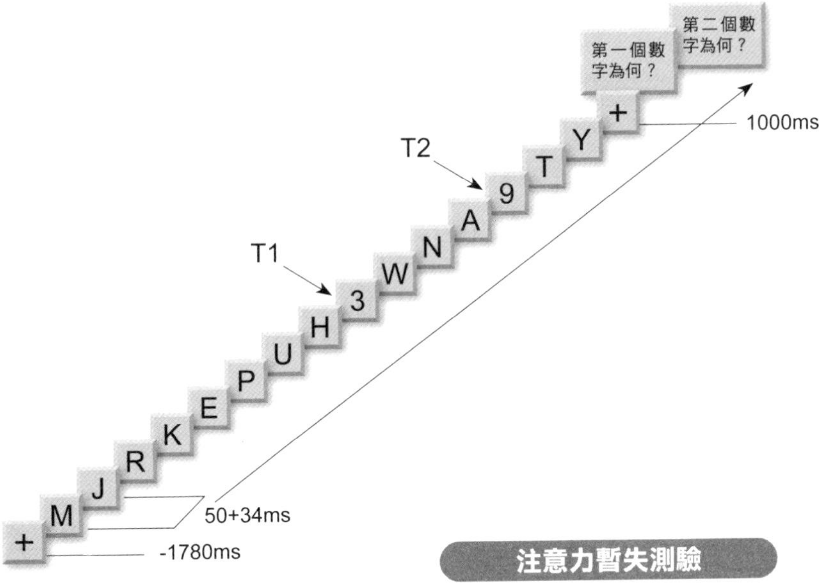

注意力暫失測驗

有趣的部分在此：如果兩個數字出現時間的間隔是在半秒之內，受試者通常無法辨識出第二個數字。這個現象就叫注意力暫失。不知怎地，當偵測出第一個顯著的目標之後，心靈注意力就「閃神」了，要過一會兒大腦才能偵測出下一個。

注意力暫失之前被認定為是大腦迴路的特徵，所以也不可能改變。史雷特的研究指出，經過僅僅三個月密集且嚴謹的靜觀禪修訓練，參與者可顯著降低其注意力暫失現象。理論就在於經過靜觀禪修訓練，大腦會學到更有效率地處理外在刺激，因此處理完第一個顯著目標後，大腦仍有心智資源來處理第二個。

這個研究讓我們欣然窺見透過靜觀禪修提升大腦工作效率的可能性，因此如果你的工作有賴於你長時間專注於訊息的能力，也許這個禪修訓練讓你加薪有望喔！

還有更多有意思的禪修科學研究，我們就再談幾個重要的吧！

安東．盧茲表示，佛教資深的禪修者能夠產生高幅的伽瑪腦波，通常和記憶、學習、洞察力的高效率有關。更好的是，這些老手甚至在非禪修時，就出現較高的伽瑪波活動，表示禪修訓練也能改變休息中的大腦。如果常舉啞鈴，你就能練出肌肉，即使你不在健身房裡舉重，肌肉仍在。同樣地，當你進行許多禪修訓練，你會有強壯的平靜、澄澈、愉悅之心靈「肌肉」，即使你現在只是在閒晃。

早期這個領域有個由喬．卡巴金主持的研究，顯示出靜觀可以大幅加速肌膚乾癬的療癒。方法很簡單。所有的受試者都接受相同的治療，但其中一半在治療期間，會播放喬・卡巴金禪修導引的錄音帶。單播放錄音帶就能顯著加速療程，這個結果已經很棒，但還有更振奮人心的：乾癬是你可以眼見為憑的，這種皮膚病越嚴重的話，皮膚上的紅疹就越大。所以在這個前提下討論禪修對治療的幫助，絕非只是什麼新時代信徒的虛無縹緲之談。禪修的功效是很具體的東西，親眼可見，甚至可用尺來測量。

最後，還有一個研究指出，禪修可以增厚大腦皮質。莎拉・拉薩（Sara Lazar）做的這個研究，為靜觀禪修者和非禪修者照核磁共振影像，結果顯示禪修者大腦中與注意力及知覺處理有關的部分皮質比較厚。當然，這些數值只表示兩者相關，並不能代表因果關係，也就是說，也有可能那些腦區皮質較厚的人碰巧是禪修者。不過，研究同時顯示，禪修主體練習禪修的時間越長，他們大腦的那些區域就越厚，表示禪修練習造成了大腦內部這些顯著的變化。

以上只簡單提到過去二十五年來的一些研究。靜觀禪修有助於改善注意力、大腦功能，甚至是免疫力與皮膚病，實在很了不起。靜觀禪修就像《百戰天龍》裡馬蓋先的萬能瑞士小刀，在各種情況下都有用。

別忘了，我都坐得住了，你一定也行。

第三章

不打坐
也可以放鬆靜觀

——時時刻刻體會心靜自然涼——

搜尋關鍵字：「無限」

我說，在任何的時候都適合培育靜觀心。

——佛陀

靜觀禪修可能是你一輩子學過最重要的事情，但你不用只信我，聽聽當代心理學之父威廉．詹姆斯（William James）怎麼說：

有能力自動將渙散的注意力一次又一次地收回來，是判斷力、品格和意志力的根源。沒有這種能力，就不是**自己的主人**。能夠提高這種能力的教育，就是**最卓越的教育**。

靜觀禪修能讓你將渙散注意力自動地不斷收回，因此，如同威廉．詹姆斯所言，靜觀是「最卓越的教育」，最棒的學習。希望這點能讓你覺得花錢買本書很值得。

上一章我們學到靜觀禪修是培養ＥＱ的關鍵工具。這一章我們會學到幾種方法，將靜觀延伸到日常生活的各個層面。你端坐著進行靜觀禪修時，能夠體驗到平靜和澄澈的心靈，這點很棒，但是只有在日常生活中能隨時召喚這樣的心靈，才算是真正改變生活。本章會告訴你達成的方法，希望能讓你覺得花錢買書**真的**值得。

延伸到生活的每一個層面

靜觀禪修者得做的最重要之事，就是將靜觀的好處從端坐延伸到生活的每一個層面。靜坐禪修時，你可以體會某種程度的平靜、清澄與快樂；接下來就要挑戰把這種心境擴及到生活情境中，不局限於靜坐禪修的形式。

還好，靜觀訓練的功效本來就很容易擴及其他層面，輕易地與生活各個領域結合。舉例來說，沒有受過訓練的注意力自然很容易被很愉快或很不愉快的事物牢牢吸引。但是如果你能訓練自己把注意力維持在像呼吸那麼中立的經驗上，那麼你就能隨心所欲將注意力停放在任何事物上。你的心神就可以擺脫外在事物的主宰，可縱橫自如，唯我獨尊。所以，如果你能將注意力停放在呼吸上，且勤加練習，就會發現自己在課堂上或會議中會更專心，沒有什麼可以阻礙你的注意力。知名的禪修導師莎拉．凱薩琳（Shaila Catherine）告訴我，她在大學時學會認真禪修後，從此成績沒有低於甲等。

這個訊息真棒，更棒的在後面：還有方法可以讓你加速將靜觀訓練變得更能應用於日常生活。

你可以自然地將靜觀融入以下兩個領域。第一個就是將休息中的靜觀延伸到活動中的靜觀。第二個就是將自主靜觀，延伸到他主靜觀。你可以將其想成順著兩個面向延伸或推展靜觀：一為從休息到活動，二為從自我到他人。以下幾個段落，我將會分別建議做法。

活動中也能讓心靈休息

修練靜觀的最佳場地，就是日常生活。一旦你能將靜觀心帶入日常生活中的每一刻，生活品質就能大大改善。一行禪師描述了簡單的行走經驗，美妙地闡述了這個概念：

世人通常認為，能在水面上或空中行走是種奇蹟。但我認為真正的奇蹟並非走在水面上或空中，而是走在地面上。每天我們都在進行奇蹟，卻渾然不知：藍天、白雲、綠葉、兒童般好奇的黑眼珠——我們自己的雙眼，這些全都是奇蹟。

心生靜觀，即使是行走於地面的簡單經驗，都是美妙的奇蹟。

依我自身的經驗，靜觀不用改變任何事，就可以讓我更快樂。對許多生活中平常的事情，我們習以為常，例如身無病痛、有三餐溫飽、能夠從甲地走到乙地。一旦有靜觀心，這些都會變成快樂的源頭，因為我們不再視其為理所當然。愉快的經驗甚至會更加愉快，因為我們投入心神，全然地去感受。比方說，用靜觀品嘗美食佳餚，會覺得更美味，只因為你全心全意在享受食物。活在靜觀裡，平凡的經驗會變得愉快，而愉快的經驗會加倍愉快。這些都不用成本或代價（也不用付頭期款），多划算的交易啊！

我小的時候，有一次爸爸帶全家人上一間高檔的中餐廳，我們點了幾道招牌菜。那一餐飯我發現自己全神貫注地吃，或許因為食物真的美味可口，或許因為所費不貲，或許因為這是很難得的經驗，畢竟不是天天都可以奢侈一下。也因如此，我發覺自己在用餐時沉浸在靜觀中。我也突然想到，為什麼只在吃昂貴美食之際才專心致志呢？要是我假裝每一餐都很難得又高價，儘可能全心投入呢？我稱之為「高級料理禪修」。從此，我幾乎每餐都如此實踐，說來也好笑，因為我三餐幾乎都在Google吃，而Google的飲食是免費供應的。

如果你除了靜坐之外別無靜觀練習，假以時日，靜觀仍然會在日常生活中生根，給你無成本、零頭期款的快樂升級。不過，你可以加速擴展的過程，只需刻意將靜觀帶入活動中。最簡單的方法，就是當下全神貫注在每件事上，心中不帶批判，若注意力渙散遊走，只要溫柔地帶回即可。其實就像靜坐禪修一樣，只是禪修的對象從呼吸改為手邊進行的事，如此而已。

偏好正規練習的人，我建議最好的練習是行禪。正規行禪的好處，就是有坐禪的莊嚴、專注和嚴謹，不同的是行禪在移動中進行，所以雙眼必須睜開（否則就會變成「東碰西撞禪」）。行禪非常有助於將坐禪的心靈平靜帶入活動中。事實上，這個練習很受用，在許多正規的禪修訓練中，都會要求學生輪流實踐坐禪與行禪。

行禪正如其名，再簡單不過。行走之際，當下全神貫注在每個身體的動作與感覺，只要注意力渙散遊走，就溫柔地將其帶回。

行禪

從站著不動開始。把注意力放在身體上，雙腳踏著地面，感受落在腳上的壓力，花一點時間體驗腳踏實地的感覺。

現在，往前踏一步。全心全意地抬起一條腿，全心全意向前移動，全心全意將腿放下，全心全意將身體重量轉移到這條腿上。暫停一下，然後另一條腿重複此動作。

如果你喜歡，抬腿時可以對自己重複默唸：「抬起、抬起、抬起。」移動、把腿往前放時，也可以對自己重複默唸：「移動、移動、移動。」

走了幾步之後，你可能想停下來或轉身。決定要停下來的話，花幾秒鐘專注於身體直立的姿勢。你想要的話，可以對自己重複默唸：「站立、站立、站立。」你若轉身，喜歡的話也可以對自己重複默唸：「轉身、轉身、轉身。」

你願意的話，可以將動作和呼吸同步，抬腿時吸氣，往前移動放下腿時呼氣，這樣做有助於將平靜帶入體驗中。

行禪時不需要放慢走路的速度，反而是任何速度都可以。也就是說，只要走路時，你都可以行禪。

至於我，我每次從辦公室來回洗手間都會進行。我發現全心全意地走路有利心靈休息，而放鬆的心靈對創意思考很有助益。所以，我覺得此舉對工作有用，我的工作需要創意才能解決問題，因此每次我停下工作、上個洗手間，心靈就有機會能休息，並進入創造力狀態。通常在上洗手間的這段時間，問題就在心中迎刃而解。（沒錯，我在休息時間似乎最有生產力，或許老闆應該要付錢讓我常休息。老闆，希望這一段你有讀到！）

在我們的文化裡，踱步是可接受的，這點倒是個好處。換句話說，一天中任何時間你都可以實踐行禪，別人還以為你只是在踱步。你甚至不用等到上洗手間的空檔，才能開始行禪。

遛狗禪

專注傾聽，給他人說話空間

實踐靜觀的美妙方法之一就是將靜觀導向他人，幾乎保證能改善你的社交生活。理念很簡單——當下全神貫注在另一人身上，只要注意力渙散遊走，就溫柔地將其帶回。和我們一直在練習的禪修完全一樣，只是讓他人成為靜觀的目標。

你可以中規中矩或不拘形式地練習靜觀傾聽。正規的練習中，先刻意塑造環境讓一人說話，而另一人全神貫注地傾聽。不拘泥形式的練習則是在平常的對話中，專心傾聽另一人說話，並不吝惜給予對方說話的空間。

靜觀傾聽的正規練習

本練習將帶領我們用不同於以往的方式傾聽。

我們將兩人一組進行，和家人或朋友皆可，兩人輪流當說話者和傾聽者。

給說話者的導引：這是場獨白。你必須滔滔不絕講三分鐘；如果你沒話講了也無所謂，只要安靜坐著，想到要說什麼時再繼續。三分鐘完全屬於你，你想怎麼利用都可以，要知道當你準備好開口了，有一人也準備好要聽你說。

給傾聽者的導引：你的任務是傾聽。傾聽時，給予說話者你的全部注意力。三分鐘的時間內，你都不能提問。你可以用臉部表情、點頭，或說「我懂」、「瞭解」來回應，除了上述的回應，你都不能講話；也不要回應過度，否則你會牽制說話者。如果說話者沒話說了，將沉默的空間留給他。當他再度開口，準備好專心聆聽。

現在開始一個人說話、一個人傾聽，持續三分鐘。然後兩人互換角色，再進行三分鐘。接著，進行三分鐘的後設對話，兩個人都談談自己對這個經驗的感受。

獨白主題建議：

- 你現在感覺如何？
- 你今天發生什麼事情？
- 任何想談的話題。

靜觀傾聽的非正規練習

當朋友或是你愛的人對你說話，以開闊的心胸對待，送給對方你全部的注意力和手上的時間。提醒自己，因為這個人對你而言彌足珍貴，值得你全神貫注、投入時間、空間，讓他表達自己。

傾聽時，完全專注在說話者身上。如果發現自己的注意力渙散了，就溫柔地將其帶回到說話者身上，好似他是禪修的聖物。儘可能克制自己，不要說話、不要提問，也不要引導說話者。記住，你正把寶貴的時間送給對方。你可以用臉部表情、點頭，或說「我懂」、「瞭解」等方式回應，但不要過度回應以致於牽制了說話者。如果說話者無話可說了，讓他有沉默的空間，當他再度開口，準備好繼續傾聽。

我們在課堂上進行正規練習時，最常見的回饋就是大家真的很感激有人傾聽。我們通常在七週的「搜尋內在自我」課程之初做這個正規練習，那時候多數的參與者都互不認識。常聽到學員在練習一結束就表示：「這個人我才認識六分鐘，就已經變成朋友了。可是辦公室裡坐在我隔壁幾個月的同事，我都還不認識。」這就是專注的力量——送給對方全副的專注力區區六分鐘，就足以建立起友誼。我的朋友——「搜尋內在自我」講師諾曼·費雪禪師曾說：「傾聽充滿神奇，讓一個人從帶幾分晦澀、隱約有威脅的外在物體，轉變成透過親密互動而結交的朋友。這樣一來，傾聽改變了傾聽者，使其變柔軟。」

我們能送給別人最有價值的禮物是我們對他們的專注。把專注力全然放在某人身上時，那個時刻全世界我們關注的只有那個人，其他都不重要，因為在我們的意識範圍裡沒有更強烈的事物。還有什麼禮物更珍貴的呢？一如以往，一行禪師說得最有詩意：「我們能提供給他人最珍貴的禮物，就是我們現身在場。用靜觀心擁抱我們所愛，他們就會如繁花綻放。」

如果你生命中有關心的人，記得每天給予他們幾分鐘你的完全注意力。他們會像花朵一樣綻放。

靜觀式對話：傾聽、接軌與內省

我們可以把靜觀傾聽拓展到非常實用的**靜觀式對話**練習。這個練習在禪修中特別有用，源於一位法律界的朋友。講明確一點，大律師蓋瑞．福萊曼（Gary Friedman）將它教給諾曼．費雪禪師，費雪再教給 Google 的我們。

靜觀式對話有三個關鍵因子。第一個最顯著的是靜觀傾聽，我們也練習過了。第二是蓋瑞所謂的「**接軌**」，也就是接好溝通迴路。「接軌」很簡單，這麼說吧，有兩個人在對話，分別是艾倫和貝琪，而現在輪到艾倫說話了。艾倫講了一會兒，講完了之後，貝琪（傾聽者）進行回顧，說出她所認為的艾倫陳述的內容；之後，艾倫再給予回饋，指出貝琪在描述他原先獨白的內容中，他認為有所遺漏或誤解之處。兩人就這樣一來一往，直到艾倫（最先的說話者）滿意，確認貝琪（最先的傾聽者）正確理解自己的原意。接軌需雙方合作，兩人必須共同參與，幫助貝琪（傾聽者）百分之百理解艾倫（說話者）。

靜觀式對話的第三個關鍵因子，是蓋瑞所謂的「**內省**」，也就是傾聽自己的聲音。傾聽他人最大的困難是我們自己的內在干擾。當我們會對對方所言有所反應時，經常會產生干擾性的自身感受和內在絮聒。應對那些內在干擾的最佳方式，是正視它、承認其存在。正視干擾的存在，不妄加批判，若干擾願意離去，就任由它去；如果感覺或其他內在干擾決定要留下，也就順其自然，只要知道它們會如何影響傾聽。在傾聽時，你可以把「內省」視為自主靜觀。

內省對說話者也受用。說話者說話時，內省一下，看看說話的同時出現什麼感覺，也很實用。喜歡的話，說話者也可談論這些感覺，或是單純地承認感覺的存在，試著不下批判，如果感覺願意離開，就讓它離開。

學員常問，如何可以同時完全專注於說話者而又能內省。我們會以周邊視力來比喻。看東西時，有中心視力和周邊視力，我們可以看清楚選定的物體（用中心視力），同時也看得到周遭的東西（用周邊視力）。同樣地，注意力也可視為有中間要素和周邊要素，因此我們可以把中心注意力放在他人身上，專注傾聽，同時又保持周邊注意力在自己身上，進行內省。

你可以練習靜觀式對話，不論用正規或非正規的方式。正規的練習需要營造刻意的環境，讓彼此都可以練習傾聽、接軌與內省三技巧。非正規的練習就是把這些技巧應用到日常對話中。

靜觀式對話的正規練習

本技巧的三個部分為：傾聽、接軌、內省。傾聽意指將注意力送給說話者。接軌意指藉著表示你已經聽懂對方說什麼，將溝通的迴路接起來，不需企圖把一切都記住，只要你真的在聽，就會聽進去。內省意指傾聽自己的聲音，清楚自己對聽聞的內容有何感受。練習有部分是讓自己能全心全意傾聽說話者，也對自己當下的感受全然覺知。

導引

第一部分：獨白

A先獨白四分鐘。說話的時候，維持一些靜觀在身體上（這屬於內省）。整整四分鐘都屬於你，所以要是你想說的話都講完了，可以和傾聽者沉默對坐；如果後來又有想講的話，就繼續講。

B要聆聽。你的任務是送給說話者完完全全的注意力，同時又維持一些靜觀在自己身上（這也屬於內省部分）。你給對方的禮物，就是你的注意力，同時也不要失去對自己身體的覺知。你可以有回應，但不要過度回應。除了回應之外，都不要開口說話。

第二部分：反饋

之後，B向A重述他認為A所說的內容。B可以這麼說：「我聽到你說……」B說完後，A可以馬上回應，告訴B自己認為B所說的內容是對是錯（比如說，B漏掉什麼或誤解什麼等）。這樣一來一往，直到A滿意，認定自己百分之百被B瞭解。過程時間視需要而定，或滿六分鐘為止。（這屬於接軌部分）

接下來角色互換，B說話、A傾聽。

練習完畢後，花四分鐘進行後設對話，討論這個經驗。

建議的對話主題：

- 你的自我評估。你對自己的印象、喜歡什麼、想要改變什麼等等。
- 最近或以前發生過的、你願意談論的困難處境。
- 對你來說有意義的任何話題。

你可以把非正規的靜觀對話練習，當作是正規練習的秘密版。不需事先告知友人：「嘿，我從一本好書上讀到這個練習，我要來試試，所以要和你接軌還有內省自己喔。」這樣太彆扭了。你可以這樣說：「你說的聽起來很重要，為了確保我真的理解，我複述一次聽到的內容，你告訴我說的對不對喔。這樣可以嗎？」你的朋友多半會心生感動，因為你不嫌麻煩、肯花時間傾聽，來徹底瞭解對方的話。這樣的要求之下，已隱含了你看重並尊重朋友。

這對人際關係大有助益。

靜觀式對話的非正規練習

不管什麼對話，你都可以練習靜觀式對話。這對陷入僵局的溝通尤其有用，比如說在有衝突的情境下。

本技巧的三個部分為：傾聽、接軌、內省。傾聽意指將注意力送給說話者。接軌意指藉著表示你已經聽懂對方說什麼，將溝通的迴路接起來。內省意指傾聽自己的聲音，清楚自己對聽聞的內容有何感受。

從靜觀傾聽開始（見本章的「靜觀傾聽的非正規練習」）。送給說話者你的注意力，也不要失去對自己身體的覺知。如果有強烈的感受出現，承認它，而且可能的話，讓它離開。

說話者陳述見解之後，藉由請求許可你複述聽聞的內容，來確認自己全盤瞭解。你可以說：「你說的聽起來很重要，為了確保我真的理解，我複述一次聽到的內容，你告訴我說的對不對喔。這樣可以嗎？」如果說話者允諾，就複述你所聽到的內容，請說話者告知你的理解正確或有誤。說話者提供意見之後，你再用自己的話重述他的指正，確定自己的理解無誤。重複這個過程，直到說話者認為自己被全盤理解。

證明自己理解說話者之後，輪到你來說話了。覺得自在的話，你可以解釋接軌的過程，並恭敬地邀請對方有意願的話一起加入。你可以這樣說：「我想確定自己在溝通上沒有誤解，所以如果你願意，我想請你在我說完話之後，讓我知道你聽到的內容為何。可以嗎？」如果對方接受邀請，你就可以實行接軌過程。

習慣成自然，就能持之以恆

我們已經討論了若干靜觀禪修的方法，以培養一種同時達到平靜和清晰的內心境界，也討論了如何將靜觀修行延伸到日常生活中。關鍵就在**練習**。靜觀就像運動，光理解是不夠的，唯有練習才能讓你從中受益。

身為導師，我發覺要讓大家開始靜觀練習還算簡單。通常只需要提一下大腦科學、解釋一下好處、簡介超短的兩分鐘靜坐，你瞧！大家就懂了。這是好消息。

壞消息是經過頭幾天之後，要持續練習並不容易。多數人頭幾天滿腔熱血，承諾每天要花十到二十分鐘進行這美好的練習，但一頭熱過了之後，開始覺得這是樁苦差事。

你無聊地坐著，焦躁不安，心想著時間為何過得這麼慢；不消一會兒，你決定手邊有更重要或更有趣的事要做，譬如處理一下瑣事或上 YouTube 看貓沖馬桶。不知不覺，你就荒廢了每天的練習。西藏禪修大師詠給・明就仁波切尊者（不過啊，他堅持叫他明就即可）把這個情況描述得很有趣。談到自己在入門階段時，他說：「我喜歡禪修的概念，但我不喜歡禪修的練習。」

怎麼樣才能持續靜觀練習？

還好，維持靜觀練習的困難，通常只持續幾個月。就像養成運動習慣一樣，一開始的幾個月真的很難，你大概得鞭策自己規律運動。但是幾個月之後，你發現生活品質大大提高，精力更充沛、生病頻率下降、辦事更有效率、鏡中的自己氣色也更好，你對自己相當滿意。一旦達到那個階段，你就停不下來了，生活品質的升級實在太有說服力。從那刻起，你的運動習慣已能自立自強。是啦，可能偶爾還是得哄哄自己上健身房，但已變得容易多了。

持續靜觀練習也是同樣的道理。一開始或許需要一點鞭策，但幾個月後，你會發現生活品質有極大的改善。你變得更快樂、更平靜、情緒更收放自如、更有精神，旁人更喜歡你，因為你對他們有正面的影響。你對自己也極為滿意。同樣地，當達到這個階段，你也很難說停就停。是的，即使是資深的禪修者也必須偶爾強迫自己去練習，但是已經變得很容易，養成習慣了。

到底要如何持續練習，以達到停不下來、自立自強的階段？以下是三點建議：

1. 找個伴：

從諾曼．費雪（我們都開玩笑說他是Google的禪堂住持）那兒學來的。再用一次健身房的比喻：一個人上健身房很難，但如果有個同伴約好一起去，你定期報到的機率就大得多。有伴有動力，這種安排有助於彼此打氣，還能彼此約束（我戲稱為互相騷擾）。

我們建議找個靜觀禪修的同伴，兩人約好每週對話十五分鐘，至少談到以下兩個主題：

- 我對於練習的堅持表現如何？
- 靜觀練習讓我的生活有什麼變化？

我們也建議結束對話前，兩個人都談談自己對這場對話的感受。我們把這些放入「搜尋內在自我」課程，發覺效果非常好。

2. 不要盡全力：

明就仁波切有訓：正規的練習不要盡全力。比方說，如果你能靜觀靜坐超過五分鐘才覺得累，那麼就不要坐到五分鐘──三、四分鐘就好了，或許一天靜坐個幾次，原因在於不要讓練習變成負擔。如果靜觀練習像是苦差事，那就不可能持久。伊鳳．金斯柏格喜歡說：「禪修是種享受。」她的見解完美地捕捉了明就概念的精髓。

不要靜坐太久，久到變成負擔。增加靜坐頻率，每次時間短短的，靜觀練習很快就會成為你的享受。

3. **一日一呼吸：**

我可能是全世界最懶的靜觀導師，因為我告訴學生，他們只要保證一天做一次靜觀呼吸即可。一次就好，全心全意地吸氣、呼氣，你今天的課題就完成了，其他的都是紅利。

呼吸一次很重要，理由有二。一為動力：如果你一天承諾一呼吸，完成約定輕而易舉，便可以保有動力。之後，當你準備好可以延長練習，也能較輕鬆地達到。理由二：興起想要禪修的念頭本身就是禪修。

這個練習鼓勵你產生意念，每天要做對自己良善有益的事，時間一久，導向自我的善念變成珍貴的心靈習慣。對自我的善念越強，靜觀變得越容易。

記住，接下來的一輩子，一日一呼吸。我只要求這麼多。

不帶期望，輕盈與喜悅自然來

我剛接觸禪修時跟最簡單、最蠢的問題奮戰過：我不會呼吸。我是說，平常我當然能吸進空氣，但是試圖要有意識地把注意力放到出入息上時，我就沒辦法好好呼吸了。我太刻意了。

某天，我決定不要那麼賣力去打坐。我只要坐好、微笑、靜坐時注意身體，這樣就好。如此幾分鐘後，我進入了既警覺又放鬆的狀態，而且還發現自己正常地在呼吸。這是我第一次能在正常呼吸的情況下，將注意力放在自己的呼吸上。只有不費力，才能成功。要是我演電視劇的話，那一幕應該是我仰望著天、嘲諷地說：「算你狠！」

幽默一點來看，禪修就像試著入睡。你越放鬆，越不執著於達到目的，事情就越容易，結果也越好。原因在於禪修和入睡有重要的共通點：兩者都仰賴別無所求。

你越是別無所求，就越擅長於禪修和入睡。所以禪修導師都告訴學生對自己的修練不要帶一絲期望，因為執著於結果，對無欲無求的心靈是種干擾。我認為這種策略是正確的，但也引發一個傷腦筋的問題：如果大家對於箇中好處不帶期望，那怎麼可能會想要修練呢？

我所知的最佳解決辦法是艾倫・華勒士所提的：「禪修之前懷抱期望，但禪修之中不帶期望。」問題解決！如此簡單、優雅的辦法，溫暖了我等老工程師的心。

心靈放鬆對禪修很有幫助，放鬆是高度專注的基石。心靈放鬆之際，也變得更為平靜、穩定，這些特質又能再加強放鬆，所以形成了善的循環。聽來雖有悖常理，但高度的專注的確是奠基於心靈放鬆之上的。

類似的機制也在靜觀的練習中運作。我發現輕盈之心對於靜觀相當有幫助。輕盈促使心靈放輕鬆，心靈一旦輕鬆，就會變得更開放、感受力強、不帶批判。這些特質會加深靜觀，到頭來又會強化輕盈與輕鬆，於是形成善的循環，越來越加深靜觀之心。

這樣的見解提出一個絕佳方式來練習靜觀，就是**把喜悅當作是禪修的聖物**，尤其是特質溫和的喜悅，不會擾亂感官的那種。比方說，散散步、和心愛的人手牽手、享受一頓美食、懷抱熟睡的嬰兒，或者孩子在閱讀好書時與他並肩而坐，這些都是練習靜觀的大好機會，把當下全副的注意力放在愉悅的經驗上、放在心靈上、放在身體上。我稱之為「愉悅靜觀」。

把靜觀放在愉悅經驗上的第一個效果，就是這些經驗會變得更愉快，單單因為你更樂在其中，正可謂價格不變、享受加倍！更重要的是，我發覺這種靜觀收穫有擴散作用。也就是說，如果你在愉悅的經驗中練習、強化靜觀，靜觀的收穫也會賦予在其他經驗上，於是即使你在中立及不愉快的經驗中，也有更強烈的靜觀心。（享樂兼禪修，多划算的交易！）

不過，最好把愉悅靜觀當作正規靜坐練習的搭配，而非取而代之。正規練習要求你將靜觀帶到中立的經驗中，如呼吸，又因為中立經驗自然難以吸引注意力，那樣的靜觀收成較能普及到各種情況。所以正規靜坐和愉悅靜觀兩相比較，你會發現前者帶來的靜觀較豐收。但不幸地，前者需要紀律，而紀律是種稀有資源；對比之下，愉悅靜觀的收成較少，但更能持續下去，而且，愉悅靜觀很有趣，令人難以抗拒，我就不行。所以，你可以把愉悅靜觀想成車子的第一檔：它可以輕易地移動車子，但如果你打第一檔，車子鐵定跑不快。把正規靜坐想成較高檔位，打這幾檔較難讓原本靜止的車輛移動，但之後靠這幾檔才能跑得快、跑得遠。

上述兩種練習，絕對互補得宜。每天進行兩種練習就像是善加利用車子裡所有的排檔，可以讓你順利啟動車子，又能高速行駛。

最重要的是，一陣子之後，你的正規禪修可能充滿了一種能量，在梵文中叫做 sukha。Sukha 最常見的翻譯是「真樂」、「自在」、「幸福」，而依我所見，sukha 最好的譯法其實只要完全照字面譯即可：「不需精力的喜悅」。Sukha 的樂，是不需耗費精力的。幾乎就像背景的雜訊，一直都存在，但少有人注意。Sukha 不耗費精力的特質，有兩個重要的意涵：其一，它絕對是源源不絕的，因為不需要費神費力；其二，正因為它不費力，所以很難捉摸，心靈要夠安靜才能得到，畢竟清柔的背景呢喃，只有在房間裡無人大聲說話時才聽得到。也就是說，你必須學會靜下心來，才能接觸到 sukha，但一旦你抓到訣竅了，就有源源不絕的快樂泉源，完全不需感官刺激，更別說是改變生命了。

幾乎所有我認識的資深禪修者，在禪修生涯中遲早都會達到 suhka。不過，依我的經驗，「愉悅靜觀」在正規靜坐中能加速 sukha 的出現。我推論是因為練習愉悅靜觀讓我的心靈習慣於輕鬆、幽默、輕盈，使得心靈在正規練習中更快與 sukha 連線，然後 suhka 悄悄滲入我的日常生活中，讓日常經驗更愉快，因此增加愉悅經驗的頻率與強度，這些經驗我又可以用來進行愉悅靜觀練習。所以呢，另一個快樂的善的循環又形成了。愉悅靜觀本身就很有效了，但和正規的靜觀練習結合，能量更強大。

掌握聚焦注意力，也掌握開放注意力

體適能有兩個相輔相成的特性：肌力與耐力，要成為全方位的運動員，必須兩者兼備。同樣地，注意力也有兩個相輔相成的特性：聚焦注意力與開放注意力，要當個精湛的禪修者，最好兩方面都要夠強。

聚焦注意力是選定一物，再將注意力全部放在上面。這種注意力很穩定、強烈、不可動搖。它像陽光透過鏡面聚焦在一點上；也像一塊巨石，不受風的干擾，屹立不搖。聚焦注意力就像戒備森嚴的皇家城堡，只有嘉賓貴客才准許進入，其他都被擋駕在外。

開放注意力的特性，是欣然接受任何走進心靈或感官的物體。它開放、有彈性、好客。它就如同照亮四處的陽光，大方將自己出借給萬物；它就像草，總是隨風輕舞；就像水，樂意隨時變化形狀。開放注意力的心靈，就像敞開大門的房子，主人笑臉迎人，把每一個走進來的人都當成貴客，竭誠以待。

好消息是，進行靜觀禪修時，你其實同時訓練了聚焦注意力和開放注意力（買一送一！）。因為靜觀禪修涵蓋此兩部分，有你一直不斷喚回的當下注意力，可以訓練聚焦注意力，也有不批判、不執著的部分，可訓練開放注意力。所以，如果你只進行靜觀禪修，那也足夠了。

話雖如此，我們發現讓學員體驗兩者間的差異、並得到工具去加強其一的訓練（如果學員選擇），會很有用。我們設計的練習和一些運動員所用的循環訓練類似。循環訓練是在一時段中所進行之高強度的心肺能力及耐力訓練，常見的方法是讓運動員在跑道上跑（心肺耐力），接著停下來做幾個伏地挺身（肌力），接著再跑步，然後停下來做仰臥起坐（肌力），如此循環下去。運動員輪流進行心肺耐力和肌力訓練，因此同時培養肌力和耐力。

同樣地，我們的循環訓練從聚焦注意力開始，為時三分鐘，接著換成開放注意力三分鐘，如此循環下去。通常練習總共是十二分鐘，再加一開始和結束時把心靈放在呼吸上的各兩分鐘。以下是我們的導引版本。

禪修循環訓練

讓我們開始，找個舒服的坐姿，使自己同時警覺又放鬆，標準由你認定。

讓心靈休息。如果你喜歡，可以把呼吸看成是休息區，或是一塊椅墊、一個床墊，讓心靈在上面休息。

（暫停一下）

現在切換到聚焦注意力。把注意力放在呼吸上，或任何你選定的禪修物體。讓注意力穩如磐石，不受外物的干擾。如果心靈受到干擾，溫柔但堅定地把心靈帶回來。讓我們持續練習，做滿三分鐘。

（長長的停頓）

現在切換到開放注意力。把注意力帶到目前的感覺和心中所有的念頭，讓此注意力有彈性，如同風吹動的草。在此心境下，沒有所謂干擾之物，你感受的每一物都是禪修的目標，萬物皆可攫取。讓我們持續練習三分鐘。

（長長的停頓）

（切換到聚焦注意力，持續三分鐘。再切換成開放注意力，持續三分鐘。）

現在讓心靈休息，來結束這次的靜坐。如果你喜歡，可以把呼吸看成是休息區、或是一塊椅墊、一個床墊，讓心靈在上面休息。

（長長的停頓）

謝謝你的參與。

聚焦和開放注意力都有一些重要的共同特徵，這些特徵在我們之前練習的原始靜觀禪修中，也可見到。

第一個特徵為強烈的元注意力（對注意力的注意），因為在兩種禪修中，你都清楚意識到自己注意力的變動（或不變動）。因此，有了足夠的練習，不管在變動的心靈（開放注意力）或靜止的心靈（聚焦注意力），你的元注意力都會變強。第二個特徵和第一個息息相關，就是注意力的清晰透徹。不管是哪一種禪修，都能將注意力保持在高度清晰的狀態。打個比喻吧，好的火炬，不管是用來照亮某一點、或在房間四處移動，都一樣明亮。

第三個特徵就是，兩種禪修都需要在努力與放鬆之間取得平衡。不管哪種，用力過度會太累人、無法持續；用力不足則讓你掌握不了自己的注意力。套一個經典的比喻來說，這種平衡就像小提琴的琴弦張力，弦繃太緊容易斷，但若弦太鬆，就無法彈奏出美妙的音符。所以琴弦必須保持在不太緊也不太鬆的狀態。

有個很有意思的方法可以保持這種平衡，就是用打電動的方式來進行。在Xbox上打電動時，把難度設定在夠難、有挑戰性，但又不至於難到每次都輸的程度，玩起來最起勁，所以我喜歡從初級者設定開始，隨著越來越熟練，慢慢增加難度。禪修也可以用這種方式，因為我們能夠自己控制難度。一開始，把遊戲設在簡單的程度。比如說，我們可以告訴自己：「如果我可以靜坐五分鐘，還可以在這五分鐘內，達到連續十次呼吸都能保持完全的注意力在呼吸上，那我就贏啦！」要是你能在這個難度設定上過關，嗯，機率達到九成的話，就可以增加難度，以增加樂趣。重申一次，重點在於要夠難，實施起來才有挑戰；不過不能過難，以免讓你想打退堂鼓。我發現這個遊戲有一點很有意思：當我上手了之後，最簡單的難度設定變得超好玩的。那設定對我而言，就像「讓心休息個十分鐘，以保持警覺的方式」，就這樣，只是休息。我實在愛死了，所以挑戰新關的同時，還是常回到最簡單的設定來玩。這種遊戲啊，即使設定在最簡單的層級，也不致令人無聊。

最後一個特徵和第三個特徵密不可分，也就是兩種禪修都可能讓人進入很棒的放鬆與心流狀態。當你在從事擅長的活動時，如滑雪、跳舞、寫程式，而且假如你全神貫注在活動上，活動也很有趣、容易、同時夠有挑戰性，那你就進入了心流的狀態，你能有

「我沒買 Xbox，而買了這本講靜觀禪修的書，也一樣有趣喔！」

最佳的表現，但心靈卻是輕鬆自在的。同樣地，有了足夠的練習，就有可能熟練地運用注意力，而當感覺有趣又輕鬆時，就能進入心流狀態，靠靜坐就可以如此耶。酷斃了！

從入門到強化，正如小寶寶學走路

我聽過對禪修修練最貼切的比喻，就是小寶寶學走路。記得我女兒大概九個月大時，踏出了她的第一步，美妙的一步。就那麼一步，然後就跌倒了，連跌跤都超級可愛，也只有小寶寶才能這樣吧（大家一起說：「噢！」）！後來，她從一步晉升到兩步，然後停滯了一陣子，一、兩個月都只能走一步或兩步就跌倒了（噢）。過了一歲生日後幾天，我發現她走了四步，同一天，她的成就翻一倍，走了八步之多（沒錯，我有算。我是工程師嘛！）。隔天，她似乎又停滯在八步，但是約莫傍晚，她連續走了十六步才跌倒。當天晚上，她走了三十步以上，一旦突破了這關，她就會走了。那一天，她掌握了走路的訣竅（噢）。

這個經驗和我自己的禪修有異曲同工之妙。禪修的過程，似乎有兩個階段，我分別稱之為「入門」及「強化」。入門階段指的是，你發覺自己能夠進入某種心境，但卻不能持續很久。比方說，你意外發現自己處於非常平靜又警覺的心境，感受到喜悅滲透到心裡，但不消幾分鐘，這種心境就不見了。這個階段就像小寶寶跨出第一步，小嬰兒終於能夠進入走路的體驗，她終於知道走路的感覺，但只持續了一步或兩步就結束了。

強化階段是從走一步到四處亂竄中的漫長過程。對禪修者而言，就是漸漸能夠隨心所欲進入某種心境，並能控制強度和長度。這階段的過程就像是指數函數圖形上的大勾，也就是說會先經歷很長一段的喪氣期，沒什麼太大的進展，然後突然之間——咻！——短時間之內有莫大進展，穩穩達陣。就像我女兒在兩步停滯了幾個月，然後突然間，兩天之內就會走了。乍看之下還以為她兩天就學會走路，但事實上，這是三個月的功夫。三個月以來，她持續地練習，才能在最後的兩天看到快速進展與精熟。

此處給我們的啟示是，不要因為自己的禪修看似沒什麼進展而覺得沮喪。如果你瞭解過程，就知道改變的出現是突然而來的，而每一刻的努力，就會帶你往那一點更邁進一步。有個經典比喻是冰凍湖泊上的一道裂冰痕。乍看之下，冰的裂痕像是突然的現象，但事實上，卻是底下的冰結構慢慢融化了好一段時間造成的。用禪學的話語，就是漸修與頓悟。

所以，下一次見到小寶寶在學走路，注意看。小寶寶是真正的禪師，正在傳授你關於禪修進展的二三事喔（大家一起說：「噢。」）！

第四章

自信和高山一樣偉大，也像沙粒一樣渺小

——通往自信的自我認知之路——

搜尋關鍵字：「自我認知」

要解決問題，就不能仰賴當初製造問題的同樣思維。

——愛因斯坦

很久以前，在古印度，有個小偷在躲警察時，注意到暗巷裡有個乞丐。他偷走的珠寶體積小，但是價值連城。他悄悄地將珠寶塞進乞丐的口袋裡，然後逃跑，心想等到躲過警察後，再回來乞丐這裡偷回。那一夜，小偷卻在和警察扭打時喪了命。乞丐現在成為了富翁，他的口袋裡，有足夠他下半輩子豐衣足食的財富。但是，他從來沒去翻過口袋，所以他永遠都不知道珠寶的存在，終其一生都還是個乞丐。

你永遠不知道會在探索自我時發現什麼，說不定藏有寶藏。

從清澄的內在開始

這一章的主題是內觀。如果要用一個詞來概括整章內容，那就是**清澄**。加深自我認知，就是在內在培養清晰澄澈。我們想培養兩個具體特質——解析度和清晰度，如下圖所示。

右圖和左圖有兩點不同。第一點，解析度較高，所以我們可看到更多細節。第二點，亮度和對比度較高，所以影像更為清晰。解析度加上清晰度，讓影像對我們更有用。同樣地，這章的練習有助於我們在兩方面更清楚地感知自己的情緒。其一，增加用以察覺情緒的解析度（或準確度），所以能夠看到情緒升起、消退

及當中細微的變化。其二，增加情緒的亮度和對比度，可以把它們看得更清楚。這些加起來，能給我們實用的精確資訊，得知自己的情緒生活。

自我認知是提升EQ的關鍵

丹尼爾．高曼把自我認知定義為「瞭解自身的內在狀態、偏好、才能及直覺」。這樣的描述我很喜歡，因為它指出了自我認知是超越對個人當下情緒經驗的理解，而延伸到更廣的「自我」層面，如瞭解自己的優缺點，並能夠提取我們自己的內在智慧。

自我認知是EQ的關鍵範疇，有了自我認知才能推動其他EQ範疇，因為在情緒的歷程中，自我認知會啟動大腦皮層（思考腦）。在思考腦上和自我認知相關的區塊是自我聚焦注意力及語言，所以當我們自我認知透徹時，大腦上對應的區塊會亮起來。能不能在失控大吼之前懸崖勒馬告訴自己：「不能對眼前這個人吼，他可是公司的總裁！」就靠亮起這些大腦區塊。在每一個情緒經驗中，大腦皮層的介入是讓我們掌控情緒生活的必要步驟。明就仁波切用的比喻詩意盎然，他說一旦你看得到洶湧激流，就

增加用以察覺情緒的解析度，就更能感受情緒的細微變化。
再增加其亮度與對比度，就能把情緒看得更清楚。
所以，看出來視覺技巧哪一點有助於瞭解情緒生活了嗎？
呃，用Photoshop很有幫助？

表示你已開始浮出水面。同樣地，當你看得見自己的情緒，就不至於完全被情緒淹沒了。

如何運用自我認知的能力

丹尼爾・高曼將**情緒能力**的概念定義為「基於ＥＱ而來的習得能力，能促成工作上的傑出表現」。他提出了三種情緒能力，都屬於自我認知的範疇。

1. 情緒覺察：認清自己的情緒及其帶來的影響。
2. 正確的自我評價：瞭解自己的強項和極限。
3. 自信：對自我價值與能力的強烈意識。

情緒覺察和正確的自我評價之間最大的不同，就是前者多在生理層面上運作，而後者多在意義層面上運作。情緒覺察是我能正確地覺察身體裡的情緒、知道情緒從何而來，並瞭解情緒如何影響自己的行為。對照之下，正確的自我評價超越我所感受的情緒，納入了瞭解自己身而為人的種種。其關注的問題是：我的強項和弱點為何？我的資源和限制為何？對我來說什麼重要？正確的自我評價建立在情緒覺察上。

上述三點於工作、於生活都很實用。我們在第一章討論過，強大的情緒覺察，尤其是身體上的，增加我們接近直覺的機會。情緒覺察和我們自我激勵也有直接的關係。我們的行為若能和內心價值一致，最能讓自己充滿幹勁，而善於情緒覺察，讓我們有意識地接近那些價值。第六章談到動機時，對這點將有更詳細的探討。

情緒覺察甚至可能對財務報表盈虧有直接的影響。舉例來說，組織心理學家凱瑞．闕尼斯（Cary Cherniss）博士及羅伯特．卡普蘭（Robert Caplan）博士的研究指出，把情緒覺察的技巧教給美國運通的理財顧問，結果每位理財顧問的收益都增加了。理財顧問學到的是，面對難談的案子，要能釐清自己的情緒反應，以免陷入負面退縮的想法，最後導致自我懷疑，徒增扼腕。有了情緒覺察讓他們能採用相應的策略，最終能讓他們在工作上更有效率、為自己賺更多錢，想必也能給客戶更優質的理財建議（題外話：我教自己的理財顧問靜觀禪修，他還以為我純粹只是好意）。

正確的自我評價又稱之為「自我客觀判斷力」，對大家都有用，但尤其對企業經理有用。引用丹尼爾．高曼的話：

> 來自於十二個不同組織的幾百位經理中，「正確的自我評價」是他們優異表現的共同特徵……具備正確自我評價的人，瞭解自己的能力和極限，重視回饋並從錯誤中學習，知道哪裡需要改進、何時要和有互補能力的人合作。在一項以數百位知識工作者為對象的研究中（電腦科學家、稽核師等等，在AT&T、3M之類的大公司），正確自我評價這種能力，幾乎在每位「優質員工」身上都可見……在全方位的能力評估中，普通

人通常會高估自己的優勢，這在「優質員工」身上很少見，真要說有什麼區別的話，優質員工傾向低估自己的能力，顯示出內在標準很高。

本來就沒有人是完美的。正確的自我評價在人人有其局限的前提下，幫助我們達到成功。

自信是威力強大的一種能力。諾曼．費雪對於真正的自信，有以下動人的敘述：

自信不是自我中心……真正自信的人，對於自我是很有伸縮性的：需要時能抬起自我，但必要時也能放下自我，來透過傾聽而學到全新事物。如果你發現自己無法放下自我，至少你知道事實如此，直接對自己承認。要有全然的自信，才能夠虛心地承認自己的極限，而不自怨自艾。

我們已經共度了好些章節，幾乎都像老朋友了，現在是時候跟你透露一個小秘密了，其實我是個非常害羞的人。老實說，成長過程中，我一直都很害羞、不擅社交，屬於那種大家認定長大會當成功工程師的書呆子型。如今我一個成年人了，雖然還是滿害羞的，但我發現自己能夠表現出文靜和明顯的自信，不管是與歐巴馬這樣的世界領袖會面、對大眾演講，或和交通警察打交道。我看著自己在聯合國演講的影帶，很訝異自己表現出的自信。挖咧，要不是我已經認識影片中那位仁兄，我會覺得他酷斃了！

我能夠表現出那樣的自信，倒不是因為努力做到看來有自信，而是對於自我懷抱著幽默感。多數情況下，和人互動時，我讓自我縮小、變謙遜、無足輕重，只專注於將善意與好處帶給對方。同時，我也讓自我壯大到足以和對方互動、威風不在他人之下，不管對方是美國前總統比爾．柯林頓、電影巨星娜塔莉．波曼、交通警察，還是在 YouTube 上點閱我的廣大觀眾。同樣的道理，我認為自信是種能力，讓自己同時可以像富士山那樣偉大，又像一粒微不足道的沙那樣渺小。我讓自我同時偉大又渺小，然後竊笑它的無稽。這就是害羞工程師自信的秘訣。

不意外地，自信在工作上也很實用。許多研究顯示，自信在出色的工作表現上佔有重要地位。舉例而言，ＥＱ領域的知名專家理察．波雅齊斯（Richard Boyatzis）博士做過一項研究，指出最佳經理人和一般經理人最大的不同就在於自信。事實上，針對一百一十四件研究的大型統合分析指出，自我效能（自信的一種形式）和工作表現呈正相關，比起一些傳統上認為可提升工作表現的策略，如目標設定，或許更為有效。

我是怎麼看待自信的？
把自己想成同時和富士山一樣偉大，又像沙粒一樣渺小。
哇！這種二元性實在太厲害了。應用在我身上的話……
自信就是說，我可以繼續當個懶鬼同時又變猛男？
錯！那叫做自欺。

從情緒覺察到自信

注入自信有一招很簡單，就是參加激勵大會。某個口才很好的傢伙對著你大喊，告訴你，你有多棒，「你一定會成功！你最棒！你一定做得到！」然後大家一起鼓掌，之後各自回家，這種自我感覺良好的情況，大概可持續個三天吧。不過，依我的經驗，要讓自信源源不絕，得找出源頭，就是深刻的自知之明及赤裸裸地對自己誠實。

用工程師的角度，有自信就如同瞭解我在操作的兩個重要模式：我的失效模式和復原模式。如果我能夠徹底瞭解系統，知道它何時會失效，自然也能知道何時不會失效。儘管明白系統並不完美，我對它卻極有信心，因為我知道遇到每種情況該如何調整。此外，如果我很清楚系統失效後的復原方式，那麼即使系統失效，我還是信心滿滿，因為我知道系統能快速回復的條件，以致於失效不是個問題。同樣地，因為瞭解我的心靈、我的情緒、我的能力，儘管我有諸多缺點，而且還都被我看出來，我還是能增加對自己的信心。

我最近在柏林的世界和平節中演講時，有機會把上述幾點付諸實踐。上台參加全體出席的閉幕討論會時，我尤其緊張，因為其他的與會者都比我酷十倍，有諾貝爾和平獎得主、部會首長、知名慈善家，還有我的朋友狄帕克・喬布拉（Deepak Chopra），而我不過是某個來自Google的傢伙。我覺得自己就像坐在大人桌的小孩。更慘的是，我通常得花很多時間準備演講，因為英文咬字要清楚正確，我需要經歷有意識的心理過程。要同時說話和思考，對我極具挑戰。當天在現場，我一直到會議開始前一分鐘，才知道主持人要問什麼問題，所以根本沒辦法事先準備。

幸好我的靜觀訓練奏效。首先，我記得要用幽默來看待自我，讓「自我」小到無關緊要，但又大到能自在地在世界和平會議上與諾貝爾和平獎得主平起平坐。接著，我又想起我的優勢與極限——舉實例，我是大企業中實施禪修的專家，但卻對開創國家和平基礎建設一無所知，所以我針對自己可以貢獻之處加值。我也提醒自己，我主要的優勢在於有能力製造和平與幽默的氣氛，所以我儘可能保持在「愉悅靜觀」的禪修狀態（見第三章）。最後，我清楚自己當下的失效模式會是講英文時結結巴巴，所以啟動復原模式策略，也就是深呼吸、微笑、保持靜觀、不讓偶爾的不流利影響自己。用了所有的自我覺察策略，我能夠整場保持信心。幸好之前有學過啊！

源源不絕的自信所需要的深刻自知之明與赤裸裸地對自己誠實，意味著對自己毫不隱瞞。這得先有正確的自我評價，如果我們能確實地評斷自己，就能清楚而客觀地見到自己最強的優勢**以及**最大的弱點。對自己誠實，面對我們最神聖的志向與最黑暗的慾望。我們知道自己生命中的優先順序，哪些事重要，哪些不重要、可以撒手不管的。最終我們會輕鬆接受自己的原本模樣，沒有對自己不可揭露的秘密，我們能坦蕩蕩面對自己的一切。這就是自信的基礎。

同樣地，正確的自我評價來自於透徹的情緒覺察。我將其視為以非常高的訊號噪音比（也就是接收清楚的訊號）接收情緒資料。要強化情緒覺察，必須仔細研究自己的情緒經驗。就像訓練師研究一匹馬，在不同情況下仔細觀察牠，就越能瞭解牠的性情和行為，我們也越有技巧地駕馭牠。有了這樣的清晰度，就有了空間，讓我們能用第三者的客觀角度來審視自己的情緒生活。換句話說，我們變客觀了，開始能清楚、客觀地體察每一個情緒經驗，還原其樣貌。這是創造出正確自我評價條件的清楚訊號。

自我覺察的三種情緒能力，是直截了當的線性關係——透徹的情緒覺察促成更正確的自我評價，正確的自我評價又加深了自信。

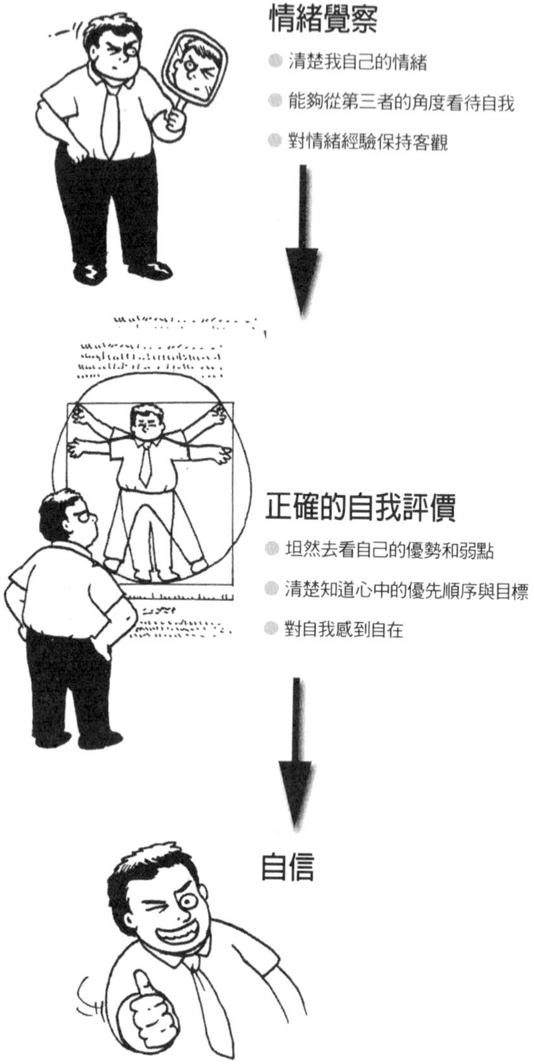
情緒覺察
清楚我自己的情緒
能夠從第三者的角度看待自我
對情緒經驗保持客觀
正確的自我評價
坦然去看自己的優勢和弱點
清楚知道心中的優先順序與目標
對自我感到自在
自信

促進自我認知的方法

人生中有許多事情顯而易見，藏在光天化日之下。其中一例就是自我認知和靜觀的相似之處。比方說，比較兩位大師分別下的定義：

自我認知……是種中立的模式，即使在紊亂騷動的情緒中，還能保持內省。
——丹尼爾．高曼

靜觀就是以特殊方法專注：刻意、當下、不加批判。
——喬．卡巴金

他們講的根本就是同一件事！自我認知（如丹尼爾所定義）就是靜觀（如喬所定義）。這可是引領我創立「搜尋內在自我」課程的關鍵見解。身為禪修者，我深知靜觀是可以訓練的，如果自覺本質上就是靜觀，那麼自覺一定可用相似的方法來訓練。我找到答案了！這個真知灼見和一連串的探索，讓我和團隊開發整套EQ的課程。

傳統上把這種心境比喻成旗竿上飄揚的旗幟。旗幟代表心靈，面對強大的情緒，心

靈翻攪如同旗幟迎著大風鼓動飄揚。旗竿代表靜觀，讓心靈在諸多情緒變動下，還能穩住、安定下來。這樣的安定，讓我們能用第三者的客觀角度審視自己。

講到旗幟和心靈，讓我想到一個禪學笑話。一大群人聚集在一起，要聽一位禪師的演講，其中一個人被飄揚的旗子干擾，就說：「旗在動。」另一人說：「不對，是風在動。」第三個人，也就是這群人中最有智慧的說：「不對，朋友們啊，是心在動。」第四個人被惹毛了，就說：「一堆嘴在動。」

一般陽春型靜觀禪修，就足以幫助你建立自我認知。不過我們覺得，正規的練習效果較好，所以我們在課堂上介紹兩個正規練習，兩者都以靜觀為基礎。第一種叫「身體掃描」，在生理學的層次上運作，對於培養情緒覺察最有效果。第二種叫「撰寫日誌」，在意義的層次上運作，對培養正確的自我評價最有效。

藉由促進自知之明和自我誠實，這兩種練習也創造出自信的條件。

身體掃描：體會內在情緒

第一章我們提到情緒是生理經驗，因此，創造高解析度情緒覺察的最佳辦法，就是將靜觀應用到身體上。最簡單的做法，就是時時刻刻將靜觀帶到身體上。每一次你把靜觀注意力帶到身體上，就有可能造成大腦神經的改變，讓你對自己的身體感知更敏銳，因此也更能覺察情緒的變化。

有一種正規練習，適合凡事按部就班的人，叫做身體掃描，在喬．卡巴金相當成功的靜觀減壓療法（ＭＢＳＲ）中，這是個核心練習。練習本身非常簡單：有系統地將當下不帶批判的注意力帶到身體的不同部位，從頭頂開始，然後一路往下到腳趾頭（或反向），注意所有的感覺或哪裡缺乏感覺。記住，重點是專注力，而非感覺。所以，有沒有感覺到什麼並不重要，重要的是全神貫注。

在靜觀減壓療法中，這個練習可以持續二十到四十五分鐘不等，視指導教師而定。在「搜尋內在自我」，這個練習較短，只專注在和情緒經驗相關的身體部位而已。此外，因為「搜尋內在自我」基本上是ＥＱ課程，在靜坐的後半段，我們也邀請學員體驗情緒在生理上對應的部分。

身體掃描

安頓注意力

讓我們從輕鬆地靜坐兩分鐘開始。找到一種讓你既警覺又放鬆的坐姿，標準由你認定。

現在，讓我們自然呼吸，把注意力溫柔地放在呼吸上。你可以把注意力放在鼻孔上、肚子上或整個身體，你怎麼認為就那麼做。意識到吸氣、呼氣以及其中的間隔。

掃描身體

頭

現在把你的注意力放在頭頂、耳朵、後腦勺，注意有沒有任何感覺，如此持續一分鐘。

臉

現在將注意力轉移到臉部。你的額頭、眼睛、臉頰、鼻子、嘴唇以及口腔內部（牙齦、舌頭），如此持續一分鐘。

脖子和肩膀

把注意力移到脖子、喉嚨內部以及肩膀，如此持續一分鐘。

背

把注意力移到下背部、中背部和上背部，持續一分鐘。背部承載許多我們的重量，也累積許多我們的壓力，所以請給我們的背應得的關愛。

體前側

現在把注意力放在胸腔和胃，持續一分鐘。可能的話，試著把注意力帶到你的內臟，標準隨你判定。

全身上下

現在把注意力一次帶到整個身體，持續一分鐘。

掃描情緒

你在身上有發現任何情緒嗎？如果有的話，去察覺情緒的存在。沒有的話，也察覺情緒的不在。之後的兩分鐘內如果有情緒升起，就看住它。

正面情緒

現在，讓我們試著體會身體裡的正面情緒。

將心靈帶往快樂愉悅的回憶，或是你處於最佳狀態的那一刻，抑或是你信心滿滿的那一刻。

體會正面情緒的感覺。現在，把注意力帶到身體上，處於正面情緒時，身體的感受為何？臉上的感覺？脖子、胸口、背部的感覺呢？你的呼吸是怎麼樣的？壓力的程度有沒有不一樣？讓我們就這樣體驗三分鐘。

回到原點

現在，讓我們回到當下。如果你發覺任何會引起情緒上激烈反應的想法，就讓它退去。

把注意力帶到身體或呼吸，只要能讓心靈更穩定。把心靈安定在上面兩分鐘。

（長長的停頓）

謝謝你付出的專注力。

注意到了嗎？我們在這個練習裡，只要求你帶出正面情緒，而非負面的。等到下一章，我們再來做有關負面情緒的練習，因為到時候會一併介紹處理負面情緒的工具。在課程中，我們也不想還沒介紹處理負面情緒的工具時，就要學員喚起負面情緒，因為這麼一來，可能會讓我們的律師心煩，我們都很愛律師的。

我想鼓勵每個人都試試正規的身體掃描練習，因為能帶來許多重大好處。首先，這種練習會比單純把靜觀帶到日常活動來得有效，主要的原因是專注。當你進行日常活動時，你只可能把少部分的注意力放在身體上，除非你的心智受過高度訓練，像一行禪師那樣，或者是你的活動需要全神貫注在身體上，比如參加舞蹈比賽，又或者你是參加舞蹈比賽的一行禪師。對比之下，如果你心無旁騖，進行正規的身體掃描，你就可以把很多很多的注意力放在身體上，而注意力正是造成大腦神經改變的關鍵。

「掃描你自己的身體！」

「搜尋內在自我」課程中有位學員，名叫吉姆。練習了幾週身體掃描後，他告訴我：「我領悟到我都把情緒壓抑在身體內，積壓成疾，害我常常沒辦法去上班。這個練習讓我上班的頻率增加了。」吉姆有九個直屬部下，所以他的練習至少讓十個人受益（「吉姆」不是他的真名，但我保證他的身體如假包換）。

身體掃描的第二個益處，就是有助於睡眠。我之所以知道，是因為在靜觀減壓療法中，學員是躺著練習身體掃描的，每一堂課，都至少有一個人會鼾聲大作（其他人心想：「不要再打呼了。該死，我在準備禪修耶！」）。我不太確定身體掃描為什麼這麼有助於睡眠，但從自己的經驗可以推知一二。把注意力帶到身體上，其實就在幫助身體放鬆。通常，身體越來越緊繃是因為我們沒有把注意力放在身體上，所以只要加入注意力就能解決這個問題。其次，身體掃描和其他溫和、

正確的身體掃描方式

錯誤的身體掃描方式

以靜觀為本的練習會領著心靈去休息。所以身體掃描同時讓身心都放鬆了，再加上躺著練習的話，就容易睡著。如果你有睡不著的困擾，練習看看可能有幫助。

撰寫日誌：看見自己的思緒

撰寫日誌是自我探索的練習，方法是寫東西給自己。這個練習很重要，能幫助你發掘心底事，尤其是朦朧未明的想法。當我們提筆寫作，目的多半是想和他人溝通想法。這個練習卻不一樣，你不是要和別人溝通，而是試著讓自己的思緒浮現於紙上，才能清楚看見其內容。

練習本身很簡單。給自己一段時間，假設三分鐘好了，依照題目（或自己出題）書寫，題目是個沒有標準答案的開放句子，如「現在我感覺到……」。在三分鐘內，寫下腦海中所有的想法。你可以跟著提示寫，甚至心中想到什麼就寫什麼。試著不要去想下一步要寫什麼——埋頭寫就是了。你是否有跟著提示寫並不重要，就只要讓你的思緒浮現於紙上。規則只有一個：時間到之前，不要停筆。如果你沒東西可寫了，就寫：**我沒題材可寫了，我沒東西可寫了，我還是不知道要寫什麼……**直到你又有內容可寫。記住，你是寫給自己，為自己而寫，除非你願意，否則完全不用把內容給別人看。所以，你可以百分之百坦誠。

你可以把撰寫日誌想成思緒和情緒的靜觀。在思緒和情緒升起時，給予當下不帶批判的注意力。藉由行諸於文字，讓思緒、情緒更流暢。另外，看待撰寫日誌的方式還有幾種：從我這個工程師的角度來看，撰寫日誌就像不加以過濾、把腦袋訊息全數傳輸出來——將心靈的水流傾注於紙上；從另一更具詩意的角度來看，你的思緒就像淙淙流水，我們試圖在紙上抓住水流。

這個練習十分簡單，你甚至會懷疑是否有用。諾曼・費雪第一次解釋給我聽的時候，我也懷疑過，不過研究讓我大吃一驚。史蒂芬妮・史培拉（Stefanie Spera）、艾瑞克・布爾芬德（Eric Buhrfeind）及詹姆士・盼納貝克（James Pennebaker）做過研究，請一群被解雇的專業人士連續五天、一天二十分鐘寫下自身感受，內容只給自己看。這些人找到新工作的速率，比起沒有寫作的對照組高出許多——八個月之後，有百分之六十八・四的人找到工作，而對照組中只有百分之二十七・三找到工作。這些數據讓我大開眼界。通常，如果一個介入因素可以有百分之幾的影響，就可以發表論文了。但此處，我們討論的不是百分之三，而是超過百分之四十的差異！而介入因素只不過是一百分鐘。哇噻！

要寫多少日誌才能體驗到顯著的改變？以下節錄一篇文章，原本發表在二〇〇九年三月二日「Very Short List（VSL）：Science」網站上的：

二十年前，德州大學心理學家詹姆士・盼納貝克做了一研究，學生連續多日都花十五分鐘寫下最有意義的個人經驗，實驗結果是這群學生心情較好、血液循環較佳、在校成績也較高。但密蘇里大學的最新研究指出，一天花幾分鐘寫作就已足夠。

研究者請四十九名大學生連續兩天都騰出兩分鐘來，寫下他們覺得情緒上的重大感受。這些受試者都表露出心情上立即的改善，在生理健康的標準化測量中，也表現得較好。研究斷定，僅僅「第一天提出主題、隔天稍加探討」就足以對事情有全然的關照，額外的內在關照並不必要。

區區四分鐘，就大大不同。我下巴都快掉下來了！

撰寫日誌的練習，可以用一種有趣的方式進行：在每張小紙片上寫下不同的題目，然後全部放在魚缸裡（建議你用乾的魚缸），每天隨機抽出一、兩題。左方是一些建議的題目：

- 現在我感覺到……
- 我意識到……
- 最能激勵我的是……
- 啟發我的是……
- 今天，我渴望要……
- 傷害到我的是……
- 我希望……
- 別人都……
- 我犯了個美麗的錯誤……
- 愛就是……

很高興看到你這麼投入寫日誌……
……你能回顧情緒上有重大感受的事情，也很好……
不過，我倒是有一點小小的建議……
可不可以不要發表在推特上？
那你不要追蹤我啊！
twitte

以下是正確自我評價的練習指示。注意一下，除了常有的撰寫日誌，我們還增加了入門法，把你的心靈打開到有助於練習的狀態。

為自我評價而撰寫日誌

準備時間

開始撰寫日誌前，先把心靈準備到最佳狀態。

花兩分鐘想想你曾經正面回應過哪些很有挑戰的情境，而且結果也讓你很滿意的。想一、兩個你覺得自己表現得很好的例子。如果你腦中有一個以上的例子，想想看當中有沒有關聯或特定模式。

現在，讓心靈放鬆一下子。

（停頓三十秒）

撰寫日誌

題目（每個提示寫兩分鐘）：

● 給我帶來樂趣的事情有……
● 我的優勢是……

準備時間

花兩分鐘想想你曾經負面回應過哪些很有挑戰的情境，而且結果不如你意的。想一、兩個你覺得自己表現得很差、希望可以改變些什麼的例子。如果你腦中有一個以上的例子，想想看當中有沒有關聯或特定模式。

現在，讓心靈放鬆一下子。

（停頓三十秒）

撰寫日誌

題目（每個提示寫兩分鐘）：
● 讓我覺得很煩的事情有……
● 我的弱點是……

花幾分鐘讀讀自己所寫的內容。

我的情緒不等於我

隨著自我認知越深，我們終於體會到一個關鍵性的領悟：我們不等於自己的情緒。

我們通常以為情緒就代表了自己，我們用的語言也反映出這一點。例如，我們說：「我憤怒」、「我快樂」或「我悲傷」，好似憤怒、快樂、悲傷就等於我們，或是變成我們的本性。對心靈而言，我們的情緒成為我們的存在本質。

有了足夠的靜觀練習，你最終會發現一個微小但重要的轉變——你會開始覺得情緒只是你的感受，而非你的本質。情緒從存在本質（「我是」）轉變為經驗（「我覺得」）。靜觀練習更充分之後，可能還有另一微小但重要的轉變——你可能開始把情緒視為單純的生理現象。情緒只是我們在身體上的經驗，所以從「我憤怒」轉而為「我在身體上感受到怒意」。

這個微小的轉變相當重要，因為代表了我們有可能成為情緒的主人。如果情緒就等於我本身，那我對情緒幾乎無能為力。然而，如果情緒只是我身體上的體驗，那麼覺得生氣就很像劇烈練習後的肩膀痛，兩者都只是生理經驗，我能夠左右它們。我可以舒緩它，也可以不理它，去吃點冰淇淋，反正過幾個小時就會好一點。我可以用靜觀感受經驗。重要的是，我可以有所行動，因為這些是生理經驗，而非我的存在本質。

在禪修的傳統中，這個見解有個美麗的比喻：思緒和情緒就像雲朵，有些很美、有些是烏雲，而我們的存在本質就像是天空。雲朵不是天空，只是天空中來來去去的現象。同樣地，思緒和情緒不等於我們，只是心靈和身體上來來去去的現象。

有了這個見解，我們才有可能在自身中改變。

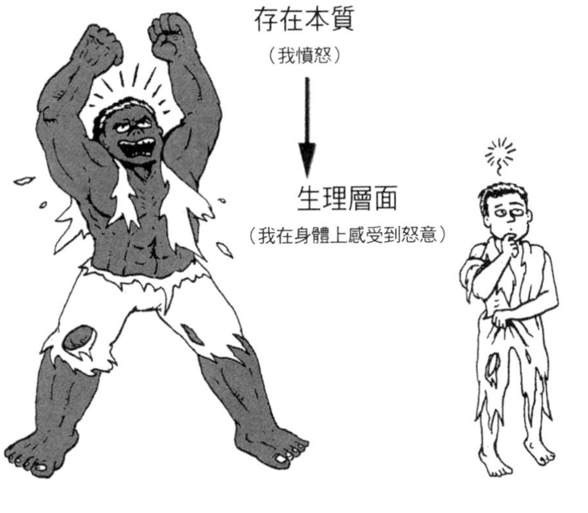

第五章

駕馭你的情緒

——成為自己的主宰——

搜尋關鍵字：「駕馭」

在人對任何事物的掌控當中，
其最宏大者或最細微者莫過於對自我的掌控。

——李奧納多·達文西

這章的主題，可以濃縮成以下幾個字：

從無奈到有所選擇

從前在中國古代，有個人騎在馬背上，經過一個站在路旁的人。路人問：「你騎馬要上哪兒去？」馬背上的人回答：「我不知道，問馬吧。」

這個故事暗喻了我們的情緒生活：馬代表我們的情緒，我們常覺得被情緒所迫，覺得無法控制馬，任憑牠帶著我們四處去。很幸運地，事實發現，我們可以馴服和操縱馬匹，只要瞭解馬並觀察牠的偏好、傾向和行為。一旦瞭解馬兒，我們就學會有技巧地和牠溝通合作。最後，馬兒就會帶我們到我們想去的地方。於是我們自己拿回選擇權，就可以決定往日落騎去，散發約翰．韋恩的酷勁。

上一章，我們探討自我瞭解，就像是在瞭解馬兒。這一章裡，將會利用自我瞭解來征服自己的情緒；換句話說，我們要學會駕馭馬匹。

不只控制情緒，還要能自我調節

提到自我調節，多半令人聯想到自我控制，那種「不能對執行長大吼大叫」的自我控制。朋友啊，如果你只想到這個，那你就錯過好東西啦！自我調節才不限於自我控制呢！丹尼爾．高曼在自我調節的範疇下，界定出五種情緒能力：

1. 自我控制：約束混亂的情緒和衝動。
2. 可信賴：維持誠實正直的標準。
3. 認真盡責：對自我表現負責任。
4. 順應：處理環境改變有彈性。
5. 創新：能接受新點子、新做法和新資訊。

上述能力有一共通點：**有選擇餘地**。每個人都想擁有上述特質，例如，我們都想有適應能力、都想創新。誰不想謹守規範和標準，永遠誠實、正直？不過，很多人無法時時刻刻保有這些特質。為什麼？因為我們常覺得受到情緒驅使，而往反方向前進。然而，如果我們有能力將「不得不」轉成「想不想」，那這些特質對我們來說就不是難事，想要就可以化為行動。

能夠從無奈被迫轉換成自由選擇，就是啟動上述能力的共通點。

自我調節並不是逃避或壓抑情緒

教了「搜尋內在自我」一段時間後，我們瞭解到：解釋自我調節是什麼固然重要，但解釋自我調節不是什麼也同等重要，理由很簡單，很多人認為自我調節就是壓抑痛苦情緒。幸好，事實並非如此。

自我調節不是逃避情緒，有時候感受痛苦情緒是合宜之舉。比如說，好朋友對你吐露傷心事，恰如其分地感同身受應該會比較好。另外，如果你是醫生，對病人宣佈壞消息，你大概也不會想避掉悲傷的情緒。向病人宣佈他只有一個月可以活的時候，你一定不至於笑嘻嘻地說吧，那樣實在太怪了。

自我調節也不是否定或壓抑真實的感受。感受傳達了珍貴的訊息，所以如果你否定或壓抑感受，就等於失去了訊息。舉 Google 內部參與「搜尋內在自我」的一名學員為例，他學會仔細傾聽自己的感受，開始領會到自己對於目前職位有多麼不滿意。課程結束後，他很快地換到 Google 的另一個職位，人快樂多了，工作也更有效率。

自我調節並不是永遠都沒有某種情緒，而是處理這些情緒的手段更為熟練。舉例來說，我聽說在佛教心理學中，憤怒和義憤有很大的差別：憤怒源自於無能，而義憤源自於力量。因為有此差異，當你憤怒時，你覺得無法掌控；但當你覺得義憤時，你可以保有對心靈和情緒的控制力，因此，你可以有情緒去對抗，以求改變，而且不至於失去冷靜。所以，義憤是個有技巧的狀態，也是自我調節的最佳例子。我認為義憤的最佳代言人就是甘地。甘地沒有發脾氣，卻不因此而停止對抗不公不義或領導大型抗議，奮鬥期間他從未失去過冷靜和熱情。我長大以後也要像他一樣。

正如在水上寫字

可是，生命中還是有些時候，你需要抑制不健康的念頭或情緒，那時該怎麼辦？

我認為必得先來一問：到底有無可能一開始就阻止不健康的念頭或情緒升起？就我自己的經驗而言，答案是不可能。事實上，世界權威的心理學家保羅．艾克曼（Paul Ekman）告訴過我，他和達賴喇嘛討論過一模一樣的問

「我的委託人希望合約可以寫在水上。」

題。他倆都認為不可能阻止念頭或情緒升起。那麼這個答案一定錯不了啦，因為保羅、達賴喇嘛和我不可能同時都錯，你說是吧?!

不過，達賴喇嘛還加了一個重點：我們無法阻止不健康的念頭或情緒升起，但我們有能力放下它、讓它消逝，而訓練有素的心靈，能在情緒升起的當下就讓它消逝。

佛陀用很美的意象來比喻這種心靈，比喻成「如同在水上寫字」。當不健康的念頭或情緒在清明的心靈升起時，就像在水上寫字，字在寫下的瞬間就消失了。

放得下，才有新領悟

禪修中最重要、足以改變人生的領悟之一，就是痛和受苦兩者在本質上並不同，而且不一定接連而來。這個證悟的源頭，就是能做到放下。

放下是非常重要的技巧，是禪修實踐不可或缺的基礎。一如往常，禪門用最有趣的方式來闡述這個見解。禪宗三祖僧璨有言：「至道無難，唯嫌揀擇」，意思是達到至高之道並不難，只要沒有偏好就行了。當心靈無所罣礙，即使是偏好都能夠放下時，至道一點都不難了。

放下的核心要義引出一個重要的問題：放下之後，還有可能欣賞、全然感受人生的起起伏伏嗎？這問題我喜歡換個方法問：你可以同時修業和吃蛋糕嗎？

我認為有可能。關鍵在於放下兩件事：執著與厭惡。執著是心靈拚命地抓牢某事物，不願意放手；厭惡是心靈拚命地規避某事物，不願意接觸。這兩個特質為一體兩面，執著和厭惡合起來佔了我們經歷苦難的絕大部分，也許百分之九十，也許甚至百分之百。

我們體驗任何現象，先有感官與物體的接觸，接著感覺與知覺出現，緊接著是執著或厭惡出現（佛學傳統將心靈歸類為感官的一種，因此簡要地將心理經驗也歸為感官現象）。此處的重要觀念是：執著與厭惡有別於感覺和知覺，但因為它們緊接著出現，常讓我們沒注意到箇中差別。

然而，隨著靜觀練習越來越厲害，你或許注意到兩者的差別，甚至當中微小的間隔。舉例來說，久坐可能讓你覺得背痛，緊接著你可能萌生厭惡感。你告訴自己：「我討厭這種痛，我不要這種感覺，快點消失！」有了足夠的靜觀練習，你可能發現這兩種體驗是截然不同的，前者是生理上的痛，接著的厭惡是不同的體驗。未受過訓練的心靈會將兩者混為一談，但是訓練有素的心靈見到兩個不同的體驗相繼而至。

一旦你的心靈到達足夠高的感知的清晰度層次，兩個非常重要的機會便來到你面前。

第一個重要機會，就是能夠痛而不苦。因為痛不是受苦的真正原因，厭惡才是。痛只是一種感覺，而這種感覺衍生出厭惡感。因此，如果心靈認知到這一點，越來越能夠放下厭惡，那麼隨著痛的體驗而來的受苦會大幅減輕，甚至根本沒有受苦。喬．卡巴金舉的例子好，告訴我們這套理論如何實踐。他講了自己靜觀減壓療法診所中病人的故事：

另一人，年紀七十出頭，因為腳部劇痛而來求診。第一堂課他是坐著輪椅來的……開始的那一天，他告訴全班，自己的腳痛到讓他想截肢，他其實看不出禪修有哪一點可以幫助他，但情況實在太嚴重，他願意孤注一擲。大家都對他寄予深厚的同情……第二堂課他雙臂腋下撐著枴杖來，不是坐輪椅。之後，他只需要靠一支手杖了。我們每週看著他，一路從輪椅、枴杖到手杖的轉變，就是強而有力的見證。他說，到了最後，痛並沒有太大的變化，但是他對痛的心態卻大大改變了。

有這種見解的有趣歷史人物，要屬羅馬皇帝奧里略，他是「羅馬五賢帝」中的最後一位。他寫道：

> 如果你被任何外在事物所苦，痛苦不是來自於事物本身，而是來自於你對它的看法；而你隨時都可以撤銷看法。

有意思的是，這段文字節錄自他的散文集《沉思錄》，英文書名《Meditations》和禪修同字。

第二個重要機會，就是可以體驗歡樂，而沒有不圓滿的餘味。歡樂經驗的最大問題就是感覺終究會消失。經驗本身不會造成受苦，但我們緊抓不放的眷戀會造成受苦。一行禪師的比喻很貼切：凋零的花朵不會造成受苦，不切實際希望花朵永不凋謝才會造成受苦。因此，如果心靈認知此事，然後能夠放開緊握的雙手，歡樂的經驗就不至於讓人受苦。我們可以充分欣賞、享受花朵，即使花朵終將凋謝。

放下執著和厭惡，我們可以完全採取放下心態，然後完全感受生命那鮮豔光亮的色彩。事實上，有了放下心態，我們更能清晰地體驗生命，因為我們從執著、厭惡、受苦的嘈雜干擾中全身而退。

善業，可口的蛋糕，好吃！

「喂！你不用什麼都放吧！」

處理痛苦的一般原則

處理痛苦情緒有四大原則，非常有幫助，分別是：

1. 能夠意識到當下自己無痛無苦。
2. 不用因為有負面情緒而懊惱。
3. 不要餵養怪獸。
4. 每個念頭都以慈悲和幽默開始。

能夠意識到當下自己無痛無苦

當你沒有痛苦時，要意識到這一點。這個練習在幾個層次上都很有效。其一，能夠增加快樂。我們在受苦時，總會告訴自己：「祛除了痛苦，我會多快樂啊！」但當我們沒有痛苦時，卻忘了要享受無痛無苦。練習時時注意到無痛無苦，能鼓舞我們享受這個解脫的甜美，從而幫助我們變得更快樂。

其二，我發覺當我們感受痛苦時，痛苦本身並非固定不變，尤其是情緒痛苦。痛苦有增有減（或許是幾分鐘或幾秒鐘的短暫間隔），有時候有個無痛無苦的空窗期。練習注意到無痛苦之際，有助於我們停駐於此空隙。這個空隙讓我們暫時鬆一口氣，是我們啟動復原的基礎，給予我們力量去面對問題。

不用因為有負面情緒而懊惱

我們常常因出現負面情緒而懊惱不已，我稱之為「苦上加苦」，敏感、好心腸的人特別容易這樣。我們會嚴厲地自責：「嘿！如果我是個好人，怎麼嫉妒心會這麼重？」進行禪修的好人甚至特別容易如此想。我們責怪自己：「如果我真的是好的禪修者，就不會有此感受。所以，我一定是個偽君子，是個沒用的（視上下文插入適當名詞）。」

痛苦是自然出現的現象，我們不時也都會經歷痛苦，認清這點很重要。即使是一行禪師這樣世界級清明祥和的代表，也曾經對某個人生氣到差點站起來揮拳。

同時我們也該認清，對負面感受心生懊惱其實是種自負，是自我當中自大心理的投射，而淨結果只是無緣無故創造出新的痛苦。解決之道就是放下無謂的自我，儘可能幽默以對。

最後，請記得：苦上加苦一點都不經濟。

不要餵養怪獸

假裝我們痛苦的禍首是怪獸，牠們佔據我們心靈，大肆破壞我們的情緒。要怎麼做才能阻止牠們？這些怪獸看似威力強大，我們無法阻止牠們不荼毒我們的心靈，而且也無力把牠們趕走。

幸好我們發現這些怪獸需要我們餵養才能存活。如果不餵牠們，牠們在飢腸轆轆之下，或許就會離開。這其中藏著我們力量的源頭——我們無法阻止怪獸出現，也無法強迫牠們離開，但是我們有能力不要去餵牠們。舉生氣為例好了，如果你對某人超級火大，然後用靜觀檢視你的怒氣，你會發現怒氣並非持續不間斷，而是一直都稍微起起落落。你也會發現，因為對自己一再重述生氣的事情，所以你的心靈不斷在餵養怒氣。若

「好吧，我就先不要餵你們甜點，如何？」

你不再重提過去的事，就會發現怒氣因缺乏燃料而逐漸熄滅。生氣怪獸需要你一直餵牠生氣的故事，沒故事可吃時，生氣怪獸肚子餓扁扁，有時候就會離開。不要去餵生氣怪獸，你就不用花心力，而生氣怪獸也會識相地到別處找樂子，牠們知道別處還有人在發送生氣食物。

不要餵養怪獸，才合乎經濟。

每個念頭都以慈悲和幽默開始

不管在什麼情況，痛苦與否，每一個念頭都以仁愛慈悲為起點，對自己、對他人皆然。

根據我的經驗，慈悲最重要的特性就是有療癒效果。想像一下，拿一把粗糙的鋼刷，不停地快速用力刷你的皮膚，最後，你的皮膚又紅又腫，一碰就痛。慈悲這種特質，就像是輕輕停止用力刷的動作，這麼做，皮膚慢慢會痊癒。

帶著幽默感看待自己的不足之處也很有用。每次我發脾氣，或有貪心、怨恨的念頭縈繞不去時，就好像我又破戒（fall off the wagon，字面意思是「從馬車上摔落」）了。當然，我可以把破戒看成很丟臉、沒面子的經驗，但是，把這事看成黑白喜劇電影裡的一幕會更有趣。在輕快的背景音樂下，有人從馬車上摔落，做個鬼臉，拍拍身上的塵土，然後又快速爬回車上，動作有點笨拙。這畫面實在令人發噱，所以每一次我失敗，都是場喜劇。

而且因為我常失敗，我的人生是一場偉大的喜劇。

情緒調節的神經模式

在大腦內部，情緒反應作用和調節就如同下圖所示：

史丹佛研究學者菲利普．高定清楚地解釋這個過程：

面臨有形或無形的威脅，我們的情緒狀態可以快速地轉換為恐懼或焦慮。情緒反應作用的轉變，出現在邊緣系統內的情緒相關腦區（或稱為「情緒腦」，位於下圖中標示「情緒」的橢圓區塊）。由下至上的訊號傳送到其他腦區，從其他大腦系統尋求支援，透過上到下的訊號來幫助調

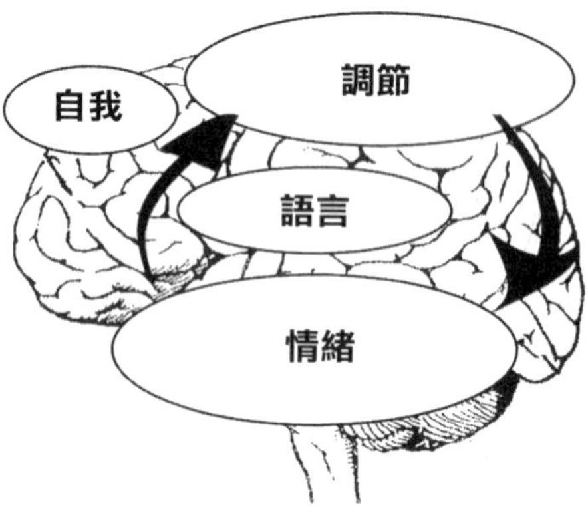

圖片由菲利普．高定提供

節（「調節」的橢圓區塊）特定的情緒反應作用部分。系統在運作時，調節系統發動注意力、思考與行為的改變。利用認知觀點的收穫，我們可以審視威脅的來源，並決定調節現下情緒經驗強度、持續時間與詮釋的最佳策略。另外我還要補充，進行情緒調節，人類特別有可能透過對自己的看法（不管是正面、負面或其他的），還有使用語言與思考來調節、理解經驗的能力。

這個模型提供我們一種角度，來看待靜觀及本書其他的練習。靜觀有助於思考腦和情緒腦彼此間的溝通，溝通越暢通，合作得越好。套用我們工程師的術語，靜觀就是增加情緒區域和調節區域間箭頭的寬度，這樣才能得到較佳的訊息流量。靜觀也在有需要時，給思考腦更多能量。你可以把靜觀想成增加大腦內調節系統的輸出功率，使大腦運作得更好。事實上，研究指出確實如此，因為大腦執行中樞（前額葉皮質）的神經活動增加了。最後，靜觀再加上本書其他的練習及見解，有助於我們有技巧地利用自我及語言區域。

學會應付引爆點

自我調節的技巧最能派上用場，就是當我們受到刺激時。看似沒什麼的小事，卻在我們身上引發不成比例的情緒反應，比如說，另一半對我們做出無傷大雅的評論，但我們卻因而爆發。從第三者的客觀角度看來，這簡直是小題大作。例如辛蒂只不過是半開玩笑地撥弄她老公約翰的頭髮，說：「你這裡開始有點稀疏喔！」約翰馬上氣得面紅耳赤，口出穢言咒罵老婆，而且還是當著同事的面。

學會面對引爆點的第一步，就是要確認自己何時受到刺激。執行教練馬可．雷瑟（Marc Lesser）提供建議，要留意下列事情：

- 身體：呼吸急促、心跳加速、噁心反胃。
- 情緒：經歷逃跑或攻擊反應，可能是像「車頭燈前的麋鹿」那樣嚇到呆住，或是情緒爆發（也就是高曼著名的「杏仁核挾持」現象，別忘了，杏仁核是大腦的衛兵，會不斷地掃描對我們生存有威脅的事）。
- 思緒：受害者心理、責難與批判的念頭、難以集中注意力。

冰凍三尺，非一日之寒，爆發點皆其來有自。爆點會被觸發，多半是過去的記憶重現，讓我們有「她又那樣了」的感受。另外，爆點多半和某方面自卑作祟有關，對我們來說有如芒刺在背，像是不想被踩到的地雷。舉個例子，如果我對於自己的工作表現沒有把握，只要老闆稍微關切一下進度，就足以引爆我的反應；反之，如果我對工作信心滿滿，對老闆的反應就會完全不同。

西伯利亞北方鐵路練習（Siberian North Railroad）

以下介紹應付引爆點的練習，叫做「西伯利亞北方鐵路」（Siberian North Railroad）。這個練習不只對引爆點有用，對需要面對負面或痛苦情緒的情況也有用。練習分為五個步驟：

1. 停止（Stop）。
2. 呼吸（Breathe）。
3. 注意（Notice）。
4. 反思（Reflect）。
5. 回應（Respond）。

我們的學員珍妮佛·貝文想出一個幫助記憶的口訣，成為此練習的名稱。她抽出每個步驟的第一個字母——SBNRR，串成有意義的詞，也就是**S**i**B**erian **N**orth **R**ail**R**oad（西伯利亞北方鐵路）。我喜歡這個口訣背後的心理意象，好似你必須從情緒爆發點中冷卻下來，而要冷卻，哪裡比得上世界上最嚴寒的遙遠國度呢？

步驟一最重要，就是停下來。當你覺得快爆發了，趕快停住。在臨爆點煞住，是相當有力且重要的技巧，那一下子，不要有任何反應，那一刻就叫做「神聖的停頓」。有了這一步，才能促成其他步驟。如果你只記得住練習中的一個步驟，就記這個，幾乎在所有情況下，這個步驟就足夠發揮影響力。

下一個步驟是呼吸。讓心專注於呼吸上，就能加強「神聖的停頓」。此外，有意識地呼吸，尤其是深呼吸，能使身心平靜。

呼吸之後是注意。將注意力放在身體上，然後體驗你的情緒。身體有什麼感覺？臉上、脖子上、肩膀、胸口、背部？留意緊繃程度和體溫上的變化。應用靜觀，體驗當下，不帶批判。此刻最重要的，就是試著把情緒困頓當作是生理現象來體驗，而不是讓情緒等於自我的存在。比如說，如果你感受到的是怒氣，你的觀點不是「我生氣」，而是「我在身上感受到怒氣」。

接著是反思。情緒從何而來？是否積壓已久？是否摻雜著某方面的自卑？且先不論斷是好是壞，我們把這觀點帶進情境中。如果經驗和另一人有關，那麼把自己放在他人的角度來觀看自己。思考一下以下的陳述：

- 每個人都希望快樂。
- 這個人認為這麼做某種程度上會讓自己快樂。

同樣地，帶入觀點而不要論斷其好壞。

最後，我們回應。想想看要怎麼回應，才能帶來正面的結果。你不見得要親身實踐，只要想像最慈悲、最正面的回應。那是怎麼樣的回應呢？

在「搜尋內在自我」課程中，進行「西伯利亞北方鐵路」練習前，我們會請學員談談情緒一觸即發的經驗，做為練習前的準備。我們通常讓學員三人一組坐在一起，每個人都有兩分鐘的獨白時間。獨白的題目是：

描述你曾受到刺激的情境：

1. 事發經過？
2. 當時有什麼感受？一開始湧上的情緒是什麼？氣憤？退縮？
3. 當時／現在身體上什麼部位感受到該情緒？

在家練習的話，我建議你回想上一次情緒受到刺激的情境，問自己上述的問題。如此可讓你準備好進行接下來的禪修。

西伯利亞北方鐵路

安頓注意力

用三個深呼吸來開始。

溫柔地意識到呼吸。把注意力帶到吸氣與呼氣，以及呼吸之間的間隔。

負面情緒

現在轉換到負面情緒，為時兩分鐘。

回想一件不愉快的事，或沮喪、氣憤、受傷的經驗，又或是你情緒被激起的經驗。

看看你是否可以用想像的再體驗一次該事件，以及當時的情緒。

處理負面情緒

現在我們在心裡練習回應的策略，為時七分鐘。

前兩個步驟為停止和呼吸。在情緒被觸發之際煞住，就是神聖的停頓。把心思專注於呼吸上，不要對情緒做反應，固守這個停頓。如果你願意，可以試著慢慢地深呼吸。保持在停頓的狀態，持續三十秒。

（停頓三十秒）

下一步是注意。注意的方式就是體會身體中的情緒。將注意力放在身體上，痛苦的情緒對應在身上有何感受？臉上？脖子、肩膀、胸口、背部？注意緊繃程度和體溫有沒有變化。

不帶批判，純粹體驗。此刻最重要的，就是試著把情緒困頓當作是生理現象來體驗，而不是讓情緒等於自我的存在。比如說，如果你感受到的是怒氣，你的觀點不是「我生氣」，而是「我在身上感受到怒氣」。

現在花一分鐘來體驗身體上情緒的生理現象。

（停頓六十秒）

現在進行反思。

情緒從何而來？是否積壓已久？如果和他人有關，把你自己放在別人的角度上觀看自己。思考一下以下的陳述：「每個人都希望快樂。這個人認為這麼做某種程度上會讓自己快樂。」帶入觀點而不要論斷其好壞。

（停頓三十秒）

現在做出回應。想想看要怎麼回應，才能帶來正面的結果。你不見得要親身實踐，只要想像最慈悲、最正面的回應。那是怎麼樣的回應呢？用大約一分鐘來創造那般回應。

（停頓六十秒）

回到原點

現在讓我們回到當下，為時兩分鐘。把意識帶回呼吸上。

（停頓一下）

手緊緊握拳，把所有剩餘的情緒都留在掌心。慢慢把手張開，釋放所有的能量。把注意力帶回來，放在身體上或呼吸上皆可，看心靈在哪裡可以尋得最多安定。剩下的最後一分鐘，讓我們把心靈安頓其上。

在課程中，上述練習結束後，我們總會馬上兩兩一組，進行「靜觀式對話」（見第三章），讓大家都有機會檢視一下體驗。願意透露自己故事的學員，可講出自己的故事，並分享自己的經驗。不願意透露的學員，可以只談練習給他的感受。

在刻意的情境下，這五個步驟的過程耗時七分鐘。在真實生活中，整個過程可能數秒就結束了，因此，如果你練習不夠，可能會礙於時間而無法正確進行。有種方式可以練習這個過程，就是用追溯法，也就是在觸發情緒的事件結束後，才進行反思與回應的步驟。前三個步驟（停止、呼吸、注意）可用靜坐靜觀練習來加強，後兩個步驟（反思、回應）最好用真實案例。因為每個事件發生速度極快，即時訓練很難，不過，「離線」之後回溯也一樣有效。你花越多時間離線練習反思與回應的步驟，下一回在真實情境下你就能處理得更好。

下一次你的情緒被激起時，記得要走「西伯利亞北方鐵路」。

如何克制臭罵岳母的衝動

德瑞克是我們「搜尋內在自我」的學員，在這之前從沒有接觸過靜觀訓練。他告訴我他的故事：

我的岳母忘記鎖上嬰兒車的煞車裝置，而我一歲八個月的女兒就坐在裡面。嬰兒車一路滑過車道，撞到我們的車。多虧上了

「同志們，好消息！為了幫助大家處理負面或痛苦的情緒，黨中央想出了一個朗朗上口的口訣……」

「搜尋內在自我」，我沒有亂了陣腳、說出蠢話，反而是深呼吸兩次，然後把話吞回去。更棒的是，我是不假思索就這麼做，我只是把注意力放在鼻孔上的呼吸，如此就成功了。我還意識到心跳加速，還有噁心反胃。真的很神奇。

像我這樣脾氣火爆、多半口不擇言的人，成功地運用了「搜尋內在自我」的訓練，而壓抑住想臭罵岳母的衝動。如果你需要真人見證，就可以把我的例子講出來。

德瑞克不僅在那一刻忍住沒講蠢話，事後還反思他的岳母一定很自責，所以他還講了些好話安慰，原諒了岳母的一時疏忽。根據我的消息，他們從此過著幸福快樂的生活（德瑞克為化名，以保護當事人不受岳母們的傷害）。

處理觸發點的其他方式

「西伯利亞北方鐵路法」可以當作是情緒上自我調節的策略，從注意力的控制開始，最終造成認知上的改變。如果你如此理解，這方法就可以變成基本架構，我們可以在上面加入其他處理觸發點的方式。這個想法是菲利普．高定建議我的，而他的靈感則來自凱文．歐斯納（Kevin Ochsner）及詹姆士．葛羅斯（James Gross）所發表的研究。

如下圖所示，時間軸始於觸發點，時間往右推移。一開始時是注意力控制，但越來

處理觸發點的其他方式

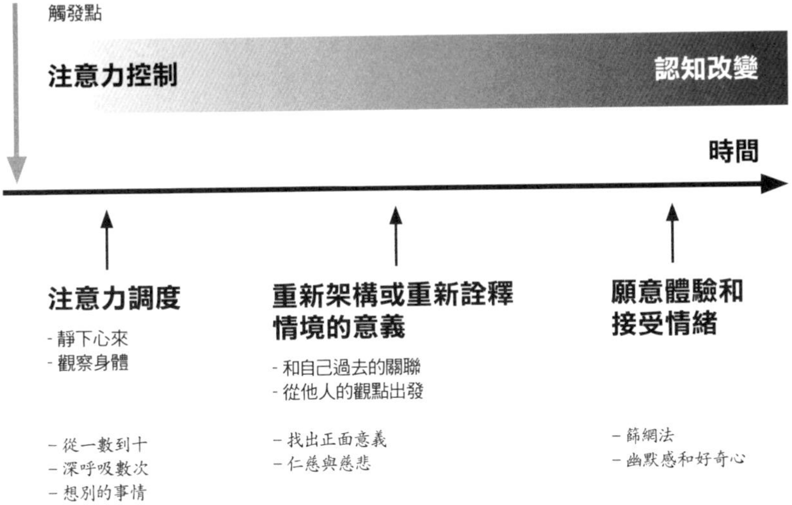

觸發點
注意力控制
認知改變
時間
注意力調度
- 靜下心來
- 觀察身體
- 從一數到十
- 深呼吸數次
- 想別的事情
重新架構或重新詮釋情境的意義
- 和自己過去的關聯
- 從他人的觀點出發
- 找出正面意義
- 仁慈與慈悲
願意體驗和接受情緒
- 篩網法
- 幽默感和好奇心

越往認知改變移動。

在注意力控制階段，情緒一旦被激發，我們建議停止、呼吸、注意三步驟，剛好對應到靜下心來，以及觀察身體內的情緒感受。此外，你還可以試試其他的，或許對你更有用。其一就是從一數到十的標準練習，這種方式能從容地召喚「神聖的停頓」。這個練習也有好處，讓你分心去做別的事，可以暫時讓你從情緒中抽離，直到有能力處理狀況。另外一個練習則是慢慢地深呼吸。深呼吸有平靜下來的效果，可能是因為刺激了身體裡的迷走神經線，迷走神經能減緩心跳和血壓（我猜剛好和「財迷神經」的效果相反）。最後，如果情緒太激昂，你可以暫時完全抽身，專注在和觸發點完全無關的事物上，如瞪著手邊的讀物，或起身離開房間去上個廁所（忍一忍風平浪靜，尿一尿海闊天空）。

注意力控制固然好，也有其必要，但多半不敷使用。即使你的心靈已訓練有素，可以放下痛苦，很快回復平靜，觸發點背後的問題仍未解決，未來你仍會被同一件事激起情緒。因此，認知的課題也不可或缺。此處的認知課題是指重新架構和重新詮釋情境的意義，幾乎不脫更客觀地看事情、更富同情心地看自己與他人。我們推薦的認知練習，就是反思與回應，也就是省思觸發點和自己過往的關聯，以及從別人的角度來看是如何，並且決定如果你可以選擇的話，怎麼樣回應會最理想。

除此之外，如果對你有用的話，你可以試著在觸發點中找出正面意義。舉例來說，妳剛在新男朋友面前發了頓脾氣，正訝異怎麼會情緒失控。時機正好，可以讓事情平靜下來，也製造空檔讓你們彼此可以談談。把狀況當成機會，幫助他更瞭解妳這個人。或者，這也許是個自我探索的好機會。比方說，假如妳禪修練習已久，而老闆突然講了些話讓妳很受傷（「好像我又回到五歲那麼脆弱」），對妳來說不啻為寶貴的一課，就此明白日後的禪修練習應該著重何處。最後，更進階但超級有效的練習就是把仁慈和慈悲帶入情境中。我們在第七章和第八章會進一步探究。

願意體驗並接受情緒是這個架構的最後一部分。某種程度上

記得你說過為了處理不愉快的遭遇，你假裝自己的人生是一齣情境喜劇？
是啊…
呃，我在家試過……
……但完全沒用。
為什麼？
因為收視率不佳，節目被我老婆取消了。

敞開心胸，讓胸襟寬大，能不費力地容納所有的情緒，就像天空不費力地容納所有的雲朵。我們建議可做兩種練習。第一種是馬克・雷瑟所謂的「篩網法」，也就是把自己想成和篩網一樣充滿孔隙。當強烈的情緒湧現（如氣憤、怨恨、恐懼），讓情緒逕自通過你的身體。你可以觀察到強烈的情緒穿越而過，不依附在你身上，和你是分開的。第二種是我自己的練習：假裝我的人生是一場情境喜劇，欣賞每一個荒誕情境中的幽默。就我而言，我常身陷許多不愉快的境遇，大部分都可以是拙劣喜劇中的一幕，尤其是我自作自受的糟糕境遇。

從自我調節到提升自信

經歷不愉快的情緒時，我們的本能反應就是厭惡。我們不想要這種不愉快的感受，希望感受消失。因為厭惡，我們把思緒轉而向外，朝向他人或環境，而不是針對自己。舉例來說，一旦心理受傷，我們腦海裡會充斥著對方有多糟糕，因為我們想逃避不愉快的情緒。這個過程我們通常沒有意識到。

不過，如果透過靜觀和其他練習，我們把有意識的覺察帶入過程，就可以看出對外的負面想法多半源自於厭惡。有鑑於此，若我們也培養能力去體驗自己不愉快的情緒，就能放下厭惡，然後就有可能馴服憂思與執念。一旦我們在自身中開創能力，能馴服這種思緒，無疑也增加了自信。

之前在關於自我瞭解的章節中，我們討論到深入理解自己的失效模式和復原模式有助於自信的養成。套用我這個工程師的話，練就自我調節的技巧是復原機制的升級版。瞭解系統在失效後如何復原，我就對系統有了信心，因為即使它失效，我也知道什麼狀況下系統能快速恢復，因此失效就不成問題。假如除此之外，我還能給復原裝置升級，讓它能更快速、更俐落（也就是衍生較少問題）地復原，那麼我對系統就更有信心，能夠將它運用在更有趣、更具挑戰性的環境。我們可以把本章介紹的練習，當作是為復原模式升級。

本章的練習之所以可以增加自信，原因就在於此。

「搜尋內在自我」學員傑森，學會使用自我調節的觀念來提升自信。他自認情緒非常容易受到刺激，也因此常身陷社交困難的窘境。「搜尋內在自我」課程教會他只要把注意力帶到呼吸上，並且不再餵養怪獸，情緒被觸發只不過是「限時」的經驗。他發現，只要十五到三十分鐘去「安然度過此刻」且「讓身體重新啟動」來平靜地體驗不愉快，那麼他的「視野又重新打開」，而且心靈也夠清楚，能夠再次好好思考。他也發現，在靜觀訓練下，他能夠逐漸縮短「重新啟動」的時間。因此，他對自己越來越有自信。

此事無心促成了一樁美事。傑森說：「要不是我學到了這些，我早就辭職了，可能還會後悔。」傑森是很專業的工程師，所以這個決定的受益人不只他自己，Google 也因為留住他而受益。

與情緒爲友

自我調節的極致，其實就是與情緒為友。本章所談到的所有練習和技巧——「西伯利亞北方鐵路」、不要餵養怪獸、找出觸發點的正面意義等等——都指向要和情緒為友。

明就仁波切提供他與情緒為友的自身經驗。他一直到十三歲，都深受恐慌症所苦。十三歲那年，在禪修閉關期間，明就決心要深入直觀恐慌症。他瞭解到有兩種方式會讓恐慌症蔓延強大：一為把恐慌症奉為老闆，服從每一道命令；二為把恐慌症視為敵人，巴不得它離開。明就決定他不要唯命是從，也不寄望恐慌症離開，反而要學著與恐慌症為友，任憑它來去，以慈悲相待。僅僅三天的時間，恐慌症不藥而癒，永不復發。「恐慌症變成我最好的朋友，但是三天它就走了，現在我好想念它。」他半開玩笑地對我說。以下摘錄他描述自己從此練習中獲得的見解：

整整三天我待在自己的房間裡禪修……我逐漸領悟，困擾我多年的念頭和情緒其實是多麼微弱而短暫，而執著在小問題上使其越演越烈。靜靜地坐著觀察我的念頭和情緒是多麼快速地來去、很多情況下多麼不合邏輯，我開始直接領悟這些念頭、情緒不如表相一般頑固真實。一旦我開始放下心中的成見，就開始見到超越這些的「主事者」——

無限寬廣、無限開放的自覺，也就是心靈本身的本質。

偉大的波斯蘇菲教派詩人魯米，在他著名的詩作〈客棧〉（"Guest House"）中，美妙地描述了與情緒為友的心靈：

人生而在世就像一間客棧，
每天早晨都有新來客。
喜悅、沮喪、卑鄙，
瞬間的意識翩然到訪，
正所謂不速之客。
竭誠歡迎所有來客大駕光臨！
即使是悲戚結黨而至，
呼嘯橫掃屋瓦、
搜刮所有家具，
仍然要對他們畢恭畢敬。
他或許在為你滌故除舊，
讓你有嶄新的喜悅。
陰鬱想法、恥辱、怨懟，

敞開大門笑臉迎接吧，
請進請進。
不管誰來，都滿心感激，
因為每位賓客都是
上天派來的嚮導。

受到魯米和明就的啟發，再加上我是偽裝成詩人的工程師，我想要創作一首詩來為本章作結。詩名為〈我的怪獸〉：

我的怪獸形體大小各有千秋，
多年來，我已學會與牠們打交道。
秘訣在於放下。

第一步，放下想鎮壓牠們的企圖。
牠們造訪時，我打招呼。
任憑牠們出現。

再來，我放下想說牠們壞話的衝動。

想辦法瞭解牠們，
看牠們本來樣貌。
牠們只不過是我身心創造出來的。
我幽牠們一默，
和牠們一起說笑，
調侃一下牠們，
讓牠們盡情玩樂。

接著，我放下想餵養牠們的慾望。
牠們想在這裡玩多久都可以，
但是我不提供食物。
牠們肚子餓還想繼續待在這裡，沒問題，
我讓牠們留下來。
牠們飢腸轆轆，
有時候就會離開。

最後，我放下想緊抓住牠們的慾望。
牠們隨時都可以離開，

我讓牠們走。
我自由了，
此時此刻。

我沒有戰勝牠們，
牠們也沒有戰勝我。
我們相處在一起，
和樂融融。

「我知道你們現在都是好朋友啦，但有必要這麼常混在一起嗎？」

第六章

獲利、划船橫渡大海，以及改變世界

——自我激勵的藝術——

搜尋關鍵字：「成就」

世上最可敬、明白、開通、可靠的不變真理，
就是不只我們想要快樂，我們也只要快樂。
這般要求是出自於天性。

——思想家聖奧古斯丁

這一章要能發揮作用，我們需要招募一位激勵士氣的專家。非常幸運，最佳人選已經出爐——就是你。要找出激發你動力的方法，世界第一等的專家非你莫屬，你早已知道心中最深的價值和動力。這一章，我們只是幫助你探索而已。

快樂的三種類型：享樂、熱情和使命感

我的朋友「鞋王」謝家華對我啟發甚多。他在僅僅二十四歲時，就把與朋友共同創立的公司 LinkExchange 以兩億六千五百萬美元賣給微軟。他之後成為 Zappos 的執行長，將 Zappos 從無到有打造成年收入十億美元的公司。但深深打動我的並不是他企業經營的成功，而是他大膽、睿智、有策略地把快樂用在企業組織內部。謝家華認為 Zappos 的成功秘訣就是「傳遞快樂」，他也以此為英文版書名（《Delivering Happiness》），寫書分享歷程。他打造的企業文化，致力於員工的快樂。快樂的員工提供這一行裡最棒的客服給顧客，而快樂的顧客就會花更多錢在 Zappos 上。換句話說，快樂不只是大家想擁有的好東西，而是 Zappos 企業策略的中心思想，也是企業之所以成功的基石。真是醍醐灌頂啊！

談到工作上的快樂過程，謝家華有獨到的見解。他詳述三種快樂的類型：享樂、熱情和使命感。

1. 享樂：這類型的快樂，永遠都在追求下一波高潮，屬於搖滾巨星型的快樂，因為除非你過著搖滾巨星的生活，否則很難保持。

2. 熱情：也就是所謂的「心流經驗」，頂尖的表現和高度的專注力合而為一，時光飛快流逝。

3. 使命感：超越自身更偉大的目標，對自己來說意義重大。

這三種類型的快樂持續度大有不同。出自於享樂的快樂，幾乎無法持久，一旦享樂的刺激消失，或一旦你習以為常，那快樂就回歸原點了。出自於心流經驗的快樂就持久多了，而且你也不太可能因習慣而麻痺。對照之下，出自於崇高使命感的快樂，能維持很久。從謝家華和我的經驗，這種類型的快樂活力十足，歷久不衰，特別當使命感是出自於福利天下之心。

有趣的是，我們本能地追求享樂，還以為享樂是永遠快樂的方法。很多人把大部分時間和精力花在追求享樂，較少數時候享受心流，偶爾才想到使命感。家華的觀念告訴我們應該要顛倒過來，把大部分的時間和精力花在耕耘崇高的使命，有時候享受心流，偶爾才在搖滾巨星的享樂中放縱一下。要長期快樂，這才是最符合邏輯的途徑，至少在工作上是如此。

這個觀念也告訴我們，找出工作動力的最佳方式，就是找到自己的崇高使命。如果清楚自己的價值觀，瞭解何事對自己意義最重大，就知道該著力於何處，以求完成使命，如此一來，工作就能成為長期快樂的源頭。工作上能得心應手，因為我們樂在工作，然後也越來越能享受心流的快樂。最後，當我們工作表現真的很好時，或許會得到認可，有時還可能是很大的認可，如一大筆紅利獎金、受到公司副總的特別表揚、事蹟登上《紐約時報》，或接受達賴喇嘛表達的感謝。這些都是偶爾的搖滾巨星享樂經驗，就像是鼓舞士氣蛋糕上裝飾的糖霜。一旦我們朝著實現崇高目的而努力，努力本身就是報酬了（不過啊，偶爾來筆高額紅利獎金還是很棒啦，老闆）。

自我激勵的簡易三步驟

在本章中，我們會介紹三個激勵自己的練習。

1. 樂在工作：讓工作和價值觀與使命感結盟。
2. 展望未來：看見我們渴望的未來。
3. 挫折復原力：有能力克服一路上的障礙。

希望三種練習加起來成為完備的工具包，能幫助你找出人生道路通往何處，一路上為你導航。

樂在工作

以找樂子維生

樂在工作指的是讓工作和價值觀及使命感結盟，處於同一陣線。

我曾半開玩笑說，樂在工作就是找到一種方法，讓自己下半輩子都不必工作，卻還能有收入進帳。秘訣就在於讓工作等於你的樂子，因此你根本就是在娛樂自己，只是湊巧有人為此付你錢（而且因為你人很好，所以不忍心拒收他們奉上的錢）。我知道很多既成功、生產力又強的人屬於這種情況。世界上最成功的投資家——「股神」華倫·巴菲特就是一例，八十幾歲了還忙於……呃……是樂在工作啦。諾曼·費雪曾對我說，他一輩子沒有一天是在工作的，即使他是美國最受歡迎的禪師之一，比大多數矽谷專業人士還忙。拿身邊的例子來說吧，和我共事的眾多傑出工程師，寫程式就是他們的嗜好，所以他們進辦公室來玩嗜好，然後領錢。

我把樂在工作描述為找到一種方法，可以永遠不工作還能領薪水……
意思是說，找到你熱愛的事情當作賴以維生的工作……
我從來沒說樂在無所事事也算！
你看吧？！
嚴格來講，閒混不算無所事事，對吧？

具上述特性的工作，至少有以下性質之一，通常兩者皆有：

1. 這項工作對你意義重大。
2. 可以讓你產生心流經驗。

當然，這個和謝家華的享樂、熱情、使命感的架構，完全站在同一陣線。

終極的忘我境界：心流經驗

心流經驗很重要，值得花點篇幅來解釋。丹尼爾．高曼稱之為「終極動機」。心流是最優表現時的狀態，米哈里．契克森米哈賴（Mihaly Csikszentmihalyi）花了二十多年做個案研究，他將心流描述為「完全沉浸於一項活動，別無目的。自我意識被拋到一旁，時間飛逝。每一個舉止、行動和思緒都環環相扣，如同爵士樂表演。你整個人都投入了，盡情使用你的技能。」運動員把這種狀態稱為「忘我境界」。心流經驗出現在非常多不同的領域裡，如攀岩、執行腦部手術、文件歸檔，甚至靜坐（事實上，可以把心流想成行動中的禪）。

當手邊的工作符合從事者的能力時，心流就會出現。也就是說，事情夠難讓人躍躍欲試，但是不會難到讓人昏頭。如果事情對人來說太簡單，從事者可能覺得無聊、提不起勁；相對地，如果事情太困難，從事者會開始焦慮不安。心流只有在難度恰到好處時才會出現。

心流是聚焦注意力的狀態，所以擅長於全神貫注的人，如禪修者或武術專家，比較容易處於心流狀態。如果前幾章的靜觀練習你都有做，就已經走了一半的路程囉，加油，小蚱蜢！

誘因：自主性、掌握度和使命感

暢銷書作家丹尼爾．品克（Daniel Pink）提出一理論架構，剛好呼應了我們之前討論的內容。品克用五十年來行為科學的研究，主張外在的獎賞（如金錢）並不是優異表現的最大誘因。最大的動力反而是他所謂的「內在動機」——我們在自己心裡找到的動機。真正的動機有三大要素：

1. 自主性：主導自己人生的動力。
2. 掌握度：對自己重視的事情，渴望能越來越精熟。
3. 使命感：渴望自己的工作能對個人以外有所貢獻。

「可是我一向這樣暢通心流的。」

品克在TED演講中，談到根據蠟燭難題而來的研究。蠟燭難題是這樣的：受試者拿到一盒圖釘、一支蠟燭，還有幾根火柴，然後要想辦法把蠟燭固定在牆壁上。

頓克（1945年）的蠟燭難題

受試者拿到一些圖釘、一支蠟燭和一盒火柴，然後要想辦法把蠟燭固定到牆壁上。

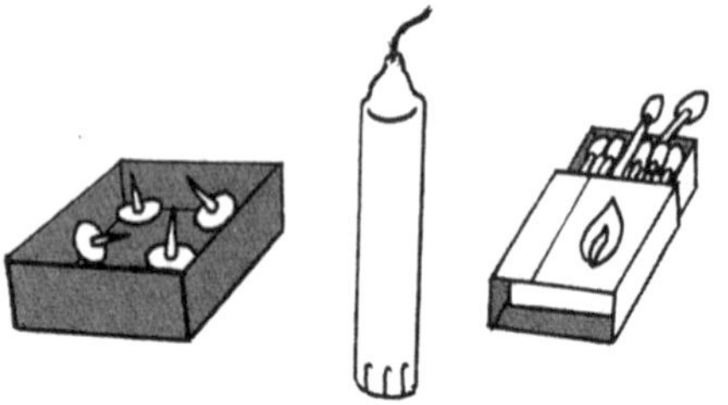

解法如下

這個問題要花點時間來解，但解法還滿簡單的：把圖釘從盒子裡倒出來，把蠟燭固定在盒子內部，然後用圖釘把盒子釘在牆壁上。要解開題目，就得靈機一動，想出盒子也是解法的一部分。一開始沒那麼顯而易見，通常你只會把盒子當成裝圖釘的容器。所以這裡的創意思考，就是想到盒子的另類用途——有點像英文說的「think outside the box」（跳脫框架思考），甚至針對盒子思考。

更有趣的部分還沒說呢！隨機挑選人，分成兩組，一組為獎勵組，你告訴他們越快解出這個問題，就能得到越多錢；另一組為對照組，你告訴他們不管花多少時間解題，最後的報酬都是一樣的。實驗結果令人意想不到：獎勵組的

「我真的沒有辦法跳脫盒子思考耶！」

表現竟然**較差**!沒錯,各位看官,外在獎勵不只沒有用,還適得其反。

別急,故事越來越精采了。在另一輪實驗中,研究者把上述品項(一盒圖釘、一支蠟燭、幾根火柴)發給受試者,不一樣的是,這次圖釘和盒子是分開的。這次實驗中,盒子顯然是解題的一部分,所以不怎麼需要靈光乍現,就能解題。這個實驗裡,獎勵組的表現比對照組好。

這個實驗和其他類似實驗告訴我們,傳統的金錢獎勵只對重複事務、中規中矩的工作有用,這類工作不需要很多創意。對於需要創意或其他認知技能的工作,獎金的誘因並不適用,還可能會弄巧成拙。創意工作要做得好,需要內在動機:自主性、掌握度和使命感。事實上,這些動機要是發揮效力,甚至可以把原本食之無味的工作,變成大家引以為傲的工作。最好的例子就是Zappos的客服部門,他們自稱「Zappos客戶忠誠團隊」(ZCLT)。團隊成員收到的指示很簡單:服務客戶,解決客戶問題,做法你自己決定。這幾點再加上對員工專業成長的重視,以及「傳遞快樂」的企業座右銘,將自主性、掌握度和使命感灌注到ZCLT夥伴的工作裡。結果,快樂夥伴經營出來的客服,有時候評比甚至高過四季酒店集團。

瞭解自己,就能樂在工作

工作和價值觀、使命感連線結盟,必得建立在自我瞭解之上。深入瞭解自己之後,你開始明白自己的核心價值、使命感以及事情對自己的輕重。你明白對自己而言，何者事關重大，何者意義非凡。清楚了之後，你知道工作上何事讓自己快樂，也知道怎麼樣最能帶給世界貢獻。你也會知道自己想營造什麼樣的工作環境。當機會來叩門時，你就能夠在提供你自主性、掌握度和使命感的方式下工作，如此一來，你的工作就能成為快樂的來源。

瞭解自己、樂在工作的基石，就是靜觀。即使你除了靜觀禪修之外沒有別的練習，時間久了，你還是能產生足以找到樂在工作的自覺。光是靜觀就足夠了——真是好消息。

更棒的消息是，還有其他方式可以幫助你釐清價值觀與使命，其中一種就是講給別人聽。價值觀、使命感這些東西都很抽象，用言語描述強迫我們把它具體講清楚。另一種方式就是撰寫日誌，這也有異曲同工之妙——把抽象的思緒梳理清楚，使其更具體。我們發現，用有條有理的方式來做練習，效果更甚，比方說，我們課程很多學員都表示，幾分鐘的對話就有釐清之效。

探索價值觀與崇高使命

單獨在家進行的話，建議做「撰寫日誌」練習（見第四章），用幾分鐘時間，完成以下的句子（擇一或都寫）：

- 我的核心價值是……
- 我希望我的人生代表……

如果你有朋友或家人一起合作（幸運啊），那麼做「靜觀傾聽」練習（見第三章）。二到三人一組，大家輪流講。說話者首先獨白，長短不拘，之後小組隨意聊天，傾聽者可以提問以釐清內容或發表簡短看法。規則只有一個，對談時（原本的）說話者有優先發言權，其他人在他／她發言時，都不可以插嘴。

建議的獨白主題：

- 你的核心價值為何？
- 你希望你的人生代表什麼？

大家都輪流講過了之後，進行後設對談，談談每個人對此次對談經驗的想法。

展望未來

展望未來的出發點很簡單：如果你可以想像自己已經完成某事，真正要完成就會容易多了。心理醫學家芮吉娜．派利（Regina Pally）如此形容：

根據神經科學，早在事件發生之前，大腦就已經對可能發生的情況作出預測，而且還依照預測結果，去啟動相關的覺察、行為、情緒、生理反應、人際方法。某種程度上，我們拿過去學到的東西來預測未來，然後活在我們預測的未來中。

或如麥可．喬丹所言：「先對自己有期許，才能有所表現。」

二〇〇五年，我的朋友羅茲．沙維奇（Roz Savage）成為第一位獨自划船橫渡大西洋的女性。沒錯，一介女子，一艘船，一百零三天，划船橫渡三千英里的汪洋大海。出發後二十天煮飯的爐子就壞掉了，四根船槳也都斷裂，但她還是完成壯舉。這還只是她的起步，因為羅茲後來又成了第一位獨自划船橫渡太平洋的女性。這次的旅程分為三階段：二〇〇八年，她單獨從舊金山划到夏威夷的歐胡島；二〇〇九年，從夏威夷到吉里巴斯的塔拉瓦；二〇一〇年，抵達巴布亞紐幾內亞的馬丹。

羅茲並非一開始就是冒險家，她說在划船冒險之前，她過著跟一般人無異的生活——平凡、舒適、多半安逸的中產階級生活模式。她在倫敦的一家投資銀行工作，擔任管理顧問和企畫經理，收入穩定，在郊區擁有房產。

三十多歲時，有一回她練習寫自己的訃文。她心想，我死了之後，別人會怎麼論斷我？她完成了兩個版本的訃文。第一個版本呈現出順著當時生活常軌而行的人生；第二個版本反映出她渴望的人生。在寫訃文的過程裡，她有重大的發現。第一個版本耗盡她的心力，她無法完成；然而第二個版本她寫起來精神抖擻，根本不想停筆。這是她人生轉變的契機。她最後放棄了原本的生活、工作、穩定收入、房子還有婚姻，去追求划船橫渡海洋的夢想。

有人以為羅茲一定很有錢，才能放下一

「媽呀！寫自己的訃文比想像中難啊！」

切去追求夢想。事實上不然。她告訴我，當她啟程橫渡大西洋時，淨資產就只有那艘船和船上的東西（包括最後壞掉的爐子）。

羅茲能找到改變一生的契機，展望未來的練習是推手，幫助她發現最深沉的價值觀與動機，同時也讓她看見她渴望的未來，使未來在心中更加鞏固。

探索理想中的未來

在「搜尋內在自我」課程中，展望未來的練習和羅茲的做法類似。基本概念就是藉由書寫，在心中想像、探索、鞏固我們理想中的未來，好似未來已成真。這個成效不菲的練習，是我從新未來中心（Center for New Futures）的總裁兼執行長芭芭拉・費緹派帝（Barbara Fittipaldi）那兒學來的。

以下是練習導引。小朋友，在家一定要練習喔！你們都很拿手的。

探索我理想中的未來

這是個寫作練習，會花上七分多鐘，比我們普通的寫作練習時間長一點，題目只有一個。練習應該會很充實有趣。

提示如下：

如果我人生中的大小事，從今天開始，都達到、甚至超出我最樂觀的預期，五年之後我的人生會是如何？

你想像得越鉅細靡遺，這個練習的效果越好。所以，在下筆前先想想這些問題在將來：

- 你是什麼人？在做什麼事？
- 你的感受如何？
- 大家對你有什麼看法？

動筆前，讓我們花一分鐘沉思。

（停頓一分鐘）

現在開始寫。

這個練習還可以有變化。可以花更多時間，如一、兩小時；也可以更動目標日期，如果你寫不出五年之後的情況，試試看十或二十年。還有另一種變化版：假裝你正在過五年之後的理想生活，寫寫未來的日記。在芭芭拉的課程中，我們就是用這種變化版。

變化版至少還有兩種。其一為和羅茲一樣撰寫自己的訃文，也許和她一樣也寫兩個版本；其二為想像下列情境：

你參加一場演講，聽眾很多。台下的聽眾，包括你，都深受講者的啟發與感動。講者就是二十年之後的你。

思考以下問題：

- 講者在說什麼？哪裡給了你啟發和感動？
- 講者有哪一點讓你尊敬？

常常談論你理想中的未來

如果你覺得理想中的未來給你帶來啟發，我強力推薦你常常找人談論此事，好處有兩點。首先，你越常講，對你來說事情就越發真實，即使你的夢想遙不可及，還是有效。舉例來說，我的夢想是在有生之年創造世界和平的條件。我理想中的世界是個和平世界，內在寧靜、內在喜樂與慈悲心散播人間，而這些特質能傳播，是因為現代社會能接觸到古老智慧的修行。我期許自己扮演的角色，是讓智慧修行為當代世人所受益，方法就是讓智慧修行在一般企業內外為人瞭解、能夠實踐並覺得受用。開始有這樣的念頭時，我知道這個目標是不可能實現的，但我還是跟很多人講。我講越多次，事情就逐漸從絕不可能變成難以置信，然後從難以置信變成不無可能，最重要的是，再從不無可能變成或許可行。最後我真心相信，我的確可以做一些事來推動這個想法。

第二個重大的好處在於，你越跟大家闡述理想中的未來，就越有可能找到伸出援手的人，當你未來願望的出發點是福利大眾時，大家尤其會爭相幫忙。如果你的願望是開凌志高級轎車，沒人會在乎。但是，如果你的願望以追求他人利益為目標——比如說，想要餵飽全世界的飢民、想要確保舊金山沒有街友凍死、想要幫助社區裡弱勢的孩童學習——而且你也真心誠意要為別人服務，我保證最常出現的回答會是：「我能幫上什麼忙？」當你發自內心要幫助別人，大家會因你從利他角度出發而感動；一旦受到感動，大家就也想貢獻己力。

老實說，我也很訝異結果這麼順利。一開始和別人談我對世界和平的願望時，我還滿驚喜只有少數幾個人當我瘋了（到目前為止，只有兩位）。隨著願望在我腦海裡越來越有形，我講起來也越有信心。過一陣子，開始有人想要幫忙，或介紹其他幫得上忙的人給我，很快地，我建立起我軍陣線聯盟（我都開玩笑說是「世界和平大陰謀集團」）。

我結識了許多禪修界的傑出人物，如馬修．李卡德，還有致力和平的人物，如席拉．艾沃斯（Scilla Elworthy）。李察．吉爾與達賴喇嘛都給我擁抱，歐文．威爾森與黑眼豆豆團長威爾（will.i.am）表示他們願意幫忙。我受邀到聯合國發表ＴＥＤ演說，講題是慈悲心。數百名陌生人告訴我他們大受感動，我很驚訝自己對世界和平的簡單願望，竟然引起這麼多人的共鳴，諸多友誼和慈悲善念，讓我更感謙卑。

我領悟到，大家都需要被感動。我們燃起的每一個奉獻願望和實踐的每一個善舉，都能鼓舞感動別人。因此，如果你有帶給他人幸福的願望，特別是你已經在實踐了，非常鼓勵你和其他人分享，才能激發世界上更多的善念善行。

現在想像你理想中的未來……
最好是沒有機器人舞孃的。
噢……

挫折復原力

挫折復原力就是一路上克服障礙的能力。樂在工作和展望未來幫助你找出方向，挫折復原力則幫助你抵達目標。

我們用三個階段來訓練挫折復原力的能耐：

1. 尋找內在平靜：一旦可以持續在心中找到內在平靜，它就成為所有樂觀和勇往直前的基石。

2. 增加情緒復原力：成功和失敗都是情緒經驗。在這個層次上努力，可以增加對成敗的包容力。

3. 打造認知復原力：瞭解我們如何解釋自己的挫折以及養成有用的心性，都有助於培養樂觀。

尋找內在平靜

我曾問馬修．李卡德（也就是世界上最快樂的人）一個大家都想問的問題：你有沒有不快樂的時候？

就像中國功夫電影裡面你看到的老師父一樣，馬修也用了比喻來回答：「把快樂看作是汪洋大海，海面上可能波濤洶湧，但是海底卻是靜謐沉穩。同樣地，真正快樂的人也會有悲傷的時日，例如見到眾生受苦時，但是在悲傷之下，仍有一汪深邃不可動搖的快樂。」

這個貼切的比喻也適用在平靜和復原力上。如果你能取得內心的內在平靜，不管日常生活如何起起伏伏，你都能回復平靜。沒有什麼事能讓你久久爬不起來，因為每一回你被擊倒，都可以在內在平靜中休息療傷，並且很快地一躍而起（視你的練習程度而定）。

幸運地，內在平靜大家都能獲得。如同第二章、第三章所述，在靜觀中練習，我們的心會變得平靜、澄澈、快樂，而且練習得越多，心就越平靜。

去做靜觀禪修吧！這個部分就會「自動神奇」達成。

增加情緒復原力

成功和失敗都是情緒經驗。這些情緒可能引起眷戀或厭惡，牽絆我們，阻礙我們去達到目標。我們應該以內在平靜為根基，藉由一些練習，幫助我們處理與成敗相關的情緒。

成功和失敗和所有情緒經驗一樣，最能顯現在身體上，所以，處理情緒的起點就是身體。身體經歷這些情緒時，我們要保持自在，或套用明就仁波切的話——與情緒為友。

另外，我們要放下所有升起的眷戀與厭惡。當我們能夠接納情緒、也能夠放下眷戀及厭惡，對於成功、失敗，我們在情緒上能保持復原力。

在「搜尋內在自我」的正規練習中，我們先從靜下心來開始，然後做快速的身體掃描，接著回想失敗和成功的例子。每一次我們都在身體上體驗情緒，放下眷戀和厭惡。以下為練習導引：

如果你一開始不成功的話……
直接承認失敗
失敗，又失敗
接受殘酷的現實
不要辭掉正職
到酒館去
老天！如果再一小時我還想不出這條格言要怎麼作結，我就要放棄了。

復原力的禪修

靜心

從三個深呼吸開始。

將覺知溫柔地帶到呼吸上，繫念在吸氣、呼氣以及兩者間的間隔。

把注意力帶到身體上，專注於身體各部位的感覺，雙腳、兩腿、膝蓋、骨盆、胸口、肩膀、背部、頸部、後腦勺、臉部。

（長長的停頓）

失敗

現在轉換到過往的失敗經驗，為時四分鐘。

回想一個事件，當時你經歷了重大挫敗的感覺——達不到目標、讓自己和他人失望。細看、聆聽、感受當時的情境。

觀察所有相關的情緒，看情緒如何表現在身體上。

（停頓兩分鐘）

看看我們是否可以培養能力，不帶厭惡地體驗所有情緒。

把體驗的情緒都當作單純的生理感受，如此而已。情緒可能令人不快，但都只是感覺罷了。允許情緒出現，任憑其來去，用慈悲、溫柔、大方的方式，讓情緒存在。

（長長的停頓）

成功

現在開心點，轉換到成功的經驗，為時四分鐘。

回想一個事件，當時你經歷重大成功的感覺——超越自訂的目標、自信滿滿、大家讚譽有加。細看、聆聽、感受當時的情境。

觀察所有相關的情緒，看情緒如何表現在身體上。

（停頓兩分鐘）

看看我們是否可以培養能力，不帶眷戀地體驗所有的情緒。

把體驗的情緒都當作單純的生理感受，如此而已。情緒可能令人非常愉快，但都只是感覺罷了。允許情緒出現、任憑其來去，用慈悲、溫柔、大方的方式，讓情緒存在。

（長長的停頓）

回歸平靜

現在回到當下，持續三分鐘。仔細審視身體感受，看看現在有何感覺。

（停頓）

深深吸一口氣，然後吐氣。持續把輕鬆的注意力帶到呼吸上，如果你想要，可以把一隻手放在胸口上。

（停頓）

繼續注意身體的反應，慢慢張開雙眼。

謝謝你的參與。

打造認知復原力

我們可以進一步在情緒復原力上打造認知訓練，培養樂觀。先講一個失敗的故事。

很久以前，有名運動員勇於向世人開誠佈公，說他有多麼失敗：

「職業生涯中，我投籃沒進的球超過九千個，輸掉幾乎三百場比賽，隊上指望我祭出決勝一投，我卻有二十六次在關鍵時刻失手。我一生中經歷的失敗不計其數……」

他繼續說：

「……所以我才會成功。」

這位運動員，就是麥可．喬丹，如果你還不知道他是誰，這麼說吧，他是有史以來最偉大的籃球員。

失敗是成功的基石。本田宗一郎有句名言：「成功是百分之九十九的失敗。」湯瑪斯．華生曾說：「如果你想增加成功率，那就把失敗率加倍。」中文裡甚至有俗語說：「失敗為成功之母。」（不過我才不會想當那個家庭裡的母親咧）

如果你不喜歡失敗，下面還有更壞的消息。如果你想做點革新的事，通常也無法避免覺得自己又笨又傻。這點是內森．莫法爾德（Nathan Myhrvold）提出的（內容為談論朋友比爾．蓋茲，但是也指出跳脫框架思考的大方向）：

〔美國歷史偉大的探險家〕路易斯和克拉克大部分時間都在迷路。如果你對探險的概念，停留於隨時都知道自己身處何處，也不用出你能力所及的範疇，你肯定做不出什麼狂野的新狗屁。你必得迷惘、沮喪、覺得自己又笨又傻。要是你不願意，就永遠走不出框框。

內森．莫法爾德二十三歲拿到博士學位，曾擔任微軟的技術長，成立微軟研究院（Microsoft Research）。他也是得過獎的自然野生動物攝影師、法國料理名廚，另外還是一部暢銷書的作者之一。他一定躋身世界上最聰明的人之列，連比爾．蓋茲都說：

「我不認識比內森更聰明的人。」然而，即使對內森．莫法爾德和比爾．蓋茲來說，革新也都包含「迷惘、沮喪、覺得自己又笨又傻」。讀到這段話我覺得好過多了，因為如果連內森．莫法爾德都可以覺得自己蠢，那我就更有藉口啦！

上述證據再次確認許多人早已從人生中學到的事：失敗是常有的事。每個人在生命中某個點，都曾重重摔過，偉大成功者如麥可．喬丹也不例外。人之所以能成功，關鍵在於面對失敗的態度，特別是解讀自己失敗的方法。

倡導學習樂觀的著名學者馬丁．塞利格曼，稱之為「解釋形態」——我們解讀自己所經歷的挫敗之方法。樂觀的人面對挫敗，會假定這是個人力量可以解決的問題。他們覺得失敗是一時的，和特定情境有關，終究能靠努力與本事來克服。另一方面，悲觀的人認定自己對挫敗無能為力。他們覺得失敗是永久的，會擴大到生活層面，而且起因於自己的不足，所以無法克服。解釋人生事件方法的不同，對我們的生活有深遠的影響。樂觀的人遭逢重大失意，回應方式是找出下一次如何能做得更好；悲觀的人則會假定他對問題無能為力，於是直接放棄。

塞利格曼和大都會人壽合作，做了一系列知名的實驗，發現樂觀的壽險業務業績比悲觀的同行好很多。此外，大都會人壽長期缺乏業務，所以塞利格曼說服公司雇用一批特別的應徵者，也就是在標準篩選測驗中成績差點及格，但樂觀指數很高的人。這批人首年的銷售成績，比標準程序雇用來的悲觀者高出百分之二十一，第二年高出百分之五十七！

學習樂觀，捨棄悲觀

還好，樂觀是可以學習的，不過，樂觀要以實際、客觀為基礎。我們自然而然會較注意生活裡的負面事件，而非正面事件，比如說，如果你是作家，作品的十個評價中有九個是好評，只有一個負評，你卻大概只會記得唯一的負評。生活中的其他層面亦是。知名的正向心理學先驅芭芭拉．傅瑞德森（Barbara Fredrickson），發現三個正面經驗才能抵一個負面經驗，比率為三比一。一般來說，一個負面感受的威力是正面感受的三倍強。稍微思考一下，假設你的生活裡快樂的事件是不快樂事件的兩倍，也就是二比一的比率，就像是某個有錢的叔叔說，只要有人從你那裡拿走一塊錢，他就給你兩塊錢，哇噻，你贏啦！客觀看來，你非常幸運，日子過得不錯。但是，主觀而言，二比一比率還低於傅瑞德森的三比一，你說不定還會抱怨：「我的人生真是爛透了。」這個見解如三根禪棍給我當頭棒喝（是的，棍棒和頭的比率是三比一）。

學習樂觀的第一步，就是察覺自身強烈的負面經驗偏見。我們生命中的成功很有可能多於失敗，但因為把太多注意力放在失敗上，所以看起來失敗比成功多。光是瞭解這一點，就能改變你看待自己的方式。

第二步是靜觀禪修。學習樂觀需要對自身經驗保持客觀，而如同第四章所言，靜觀是保持客觀的最佳方法。說明白點，只要你正經歷成功、失敗經驗，首先把靜觀帶到身體上；接著，把靜觀帶到情緒體驗，記得身體是情緒反應最顯著的地方；最後，把靜觀帶到思緒裡。你怎麼解讀這個事件？你覺得力量滿滿還是力不從心？思緒和情緒如何對應？如果事件是成功經驗，把靜觀帶到想輕描淡寫的意圖上；若事件是失敗經驗，把靜觀帶到對你不成比例的強烈影響上。

最後步驟是轉換。經歷成功時，刻意去注意此事，並接受應得的功勞，慢慢建立起這種心性，對自己的成功給予應有的注意力。經歷失敗時，專注於實際的證據上，證明挫敗只是暫時的。如果你開始自怨自艾，回想過往你特別了不起並受到讚美的成功經驗。要是你找到給你正當希望的蛛絲馬跡，把注意力帶到上面。聽起來好像在拒絕接受事實，但其實是在增加客觀度，把你一貫的強烈負面偏見平衡一下。這樣做通常也會培養新的心性，下一次經歷失敗時，心靈就能快速找到正當理由，重燃希望，你也能更快從挫敗中復原。如此一來，樂觀就能養成。

不要誤會……
我很高興你這麼樂觀，沒被過往的失敗牽絆……
還有你不屈不撓繼續追求夢想。
我只希望，你的夢想不是中樂透。
嘿！很難說喔！

大波的故事

本章我們以一個小故事作結。主角是個日本人，因為找到內在復原力而克服恐懼、戰勝失敗。

明治時代早期，有一個著名的摔角選手，名叫大波。大波強壯無比，精通摔角。私下的較量他甚至能擊敗自己的老師，但是公開比賽時，卻因過於羞怯而屢次落敗，甚至敗給了門下弟子。

大波決心找禪師求助。有一回，雲遊四海的白隱禪師來到了附近的小廟，於是大波前去找他，對他傾訴心裡的煩憂。

禪師建議：「你名為大波，今晚就在寺廟裡過夜。想像你自己就是洶湧的波濤，不再是心生畏懼的摔角手。你是巨浪橫掃眼前一切，所到之處將一切吞噬殆盡。這樣做，你就會是江湖上最厲害的摔角手。」

禪師離去。大波打坐禪修，試著想像自己是驚濤駭浪。一開始他意念紛飛，但慢慢地，他越來越有巨浪的感覺。夜漸深了，浪也變得越來越大，掃過瓶中的鮮花，甚至淹沒了佛龕上的佛陀像。黎明之際，寺廟空無一物，只見汪洋大海，潮起潮落。

到了早上，禪師發現大波還在打坐，臉上浮現一抹微笑。他拍拍大波的肩，然後說：「現在，沒有事情可以干擾你了，你就是巨浪，能夠橫掃眼前一切事物。」

那一天，大波回到摔角場上，贏了比賽。此後，他在全日本無人能敵。

「兄弟們，小心點，新教練來了。看來是個狠角色！」

第七章

同理心與大腦
跳探戈的猴戲

——透過瞭解和同情他人，培養同理心——

搜尋關鍵字：「同理心」

先求瞭解別人，再求別人瞭解我。

——管理學大師史蒂芬·柯維

很久以前，我聽過一個有趣的小故事。

從前，弟子問：「師父，與人相處是不是佔了修行的一半？」

師父回答：「錯，與人相處就是修行的**全部**。」

這個玩笑大概是因誤讀了有名的佛門故事而來。有一次佛陀告訴阿難，結交「善伴黨」（也就是道德品行受人敬佩的朋友）不是「梵行」的一半，而是「梵行」的全部。後來，我發現這出處不明的玩笑話其實很發人深省。在ＥＱ的背景下，「人我關係」就是ＥＱ的用武之地，ＥＱ最能發揮實際作用、最派上用場的地方。

所以，恭喜你讀完了本書的內省智能章節，歡迎進入ＥＱ的黑帶高手領域——人際智能。

同理心・大腦・猴子耍把戲

有件事我覺得很有意思：神經科學的一項重要發現，竟然起因於偶然間有人在猴子面前撿食物。

義大利帕馬大學的一群神經生理學家，將電極片貼在猴子的大腦以記錄其神經活動。他們發現，每次猴子撿起食物時，某些神經元都會放電。科學家有時候也必須撿起食物拿給猴子，當科學家做出撿食物的舉動時，令人訝異的事出現了，猴子腦部同一批神經元也會放電。科學家進一步研究，發現「鏡像神經元」的存在。鏡像神經元這種大腦細胞，會在動物進行活動時放電，**也會**在動物觀看別的動物進行相同活動時放電。不出所料，科學家隨後發現證據，顯示人類大腦也有這些鏡像神經元。

有些科學家提出，鏡像神經元構成同理心與社會認知的神經基礎。支持該論點的科學證據（尚）不確切，但不管如何，鏡像神經元提供給我們窺看人類大腦社交天性的有趣角度，好似大腦當初的設計，就是心中有他人，從單一的神經元就是如此。

另一個驚奇是，大腦會對他人的痛苦有反應，所以同理心早存在於神經層次。當你接收到痛苦的刺激，大腦中被暱稱為「疼痛基質」的部分就會亮起來。假如你不是自己接收到痛苦刺激，而是看到心愛的人受苦，你自己的疼痛基質一樣也會亮起來。你的大腦裡也確實在經歷他人的痛苦，不見得經歷同樣的感覺輸入，但是你會有相似的情感經驗。這就是慈悲的神經基礎。慈悲的英文字 compassion 起源於拉丁文，原意是「一起受苦」。即使沒有後天的著墨，我們的大腦早已預建同理心和慈悲心了，至少對心愛的人是如此。

教你的大腦跳探戈

自我認知和同理心之間有很密切的關係：如果你的自我認知很透徹，同理心可能也很強。大腦似乎用同一套設備來執行這兩者，說得更明確些，兩種特質似乎和大腦的腦島部分有密切關係。腦島和體驗、辨別身體感覺的能力有關。舉例來說，腦島很活躍的人，能夠察覺自己的心跳。有趣的是，科學證據指出，腦島活躍的人也較容易有高度的同理心。

道理何在？知名心理學家約翰．高特曼（John Gottman）與團隊的研究，提供了一個有趣的暗示。高特曼會聲名大噪，是因為他在婚姻穩定度與關係分析上的前瞻研究。他的專業見解很傳奇，他號稱能夠準確預測一段婚姻是否會在十年內以離婚收場，判斷依據竟只是觀察夫妻之間十五分鐘的對話。高特曼的研究方式為帶一對夫妻進入房間，把他們連上儀器以測量生理訊號，讓夫妻對話（比如說談論某件他們意見相左的事），並把此對話過程錄影。之後，夫妻分別單獨觀看錄影內容，並且對於對話中每一階段他／她的感受評分。這些實驗收集到相當珍貴的資料，有每一段對話的錄影、參與者對於每段對話感受的直接評分，還有生理資料。

在一個有趣的實驗中，高特曼的同僚羅伯特．拉文森（Robert Levenson）找了第三位受試者（以下稱她為「評分員」）來看上述的一些影帶，並且對影帶中受試者在對話的每一階段之感受進行評分。這個實驗測量了評分員的同理心：評分員對於受試者的感受評分越正確，她表現出的同理心越多。實驗進行時，也記錄評分員的生理訊號。實驗最有趣的部分就和評分員的生理訊號有關，研究發現：評分員的生理狀態和目標受試者越相近，評分員就越能正確評出受試者的感受。

換句話說，同理心要運作，得藉由讓你在生理上模擬他人。丹尼爾・高曼用「**互相牽引**」（entrainment）一字來描述這個現象，他亦稱之為「情緒探戈」。互相牽引就是同理心和自我認知密切相關的原因：同理心用的是大腦產生自我認知的設備。事實上，你甚至可以說，同理心仰賴自我認知，如果我們的自我認知不深，同理心也一樣不強。

「真的嗎？你憑哪點認定我老公能有同理心？」

這個論點有一重要含意：通常培養自我認知的練習也同時會培養同理心。舉例來說，把靜觀注意力帶到身體上（比方說，用第四章介紹的「身體掃描」練習），大家都知道可以強化腦島，這麼一來，就能同時提升自我認知和同理心。無疑是價格不變，產品加倍！

同理心不是心理分析，也不是一味同意

很多人常把同理心和「用心理學分析」混為一談。用心理學分析指的是不明就裡地用心理學詞彙來推論，或是臆測他人的心理動機。舉例來說，假設你正在解釋你的問題給老闆聽，講到一半老闆打斷你，斷言你的問題一定和某樁童年事件有關，還扯一堆他可能在大眾心理學書籍中讀到的東西，他其實是在對你心理分析，而不是同理。進行這種心理分析時，實際上是在擱置問題，而非瞭解問題。不意外地，表現平平的經理人身上，常見到這種愛用心理學分析的舉動。我常想像那些習慣對別人心理分析的經理，可能開始長出兩側高聳的頭髮，就像呆伯特的老闆一樣。如果，你的老闆不一樣，會專心地傾聽你的話，試圖要瞭解你的問題對你在認知、情意上造成的影響，並且以善意為出發點，那他就是在同理。

同理不盡然是同意。有可能在於情於理都理解他人的前提下，仍然謙和有禮地表示不同意。亞里斯多德曾說：「有教養的心靈有個特點，即使不接受某想法，還是能夠去思考它。」帶著同理心的不苟同就很像這樣。能夠理解別人的感受，而不需認同，就是開化心靈的特點。

上述觀念告訴我們，作出困難決定的同時，還是有可能保持同理心。事實上在很多情況下，帶著善念與同理心，才是作出困難決定最好的方式。在企業中，如果我們必須要作出困難的決定，是會損害某人利益的，我們常告訴自己不要把同理心帶入情境，因為一旦那樣做，作出困難卻必要的決定會更為不易。這點我不是很認同。如果我們不帶同理心地作出困難的決定，短期來看比較容易達成目標，但過程中也衍生出憎恨和不信任，長期來看反而損害自己的利益。如果，我們用善念與同理心來

「我要把你降職，因為你和你媽有心結。」

對待相關人士，反而能創造信任與瞭解，基於此，我們或許更能夠有技巧地協商、處理他們所擔心的事。有了足夠的信任與瞭解，我們甚至還能夠找到創意方法來解決每個人的問題，或至少大幅減輕一些擔憂。總而言之，困難的決定不可避免，但如果別人信任你、覺得你的心行得正、瞭解你的出發點是為了更大的益處，你比較可能贏得他人的合作。再者，一旦建立起信任，就可在信任這個基礎上打造更穩固的長期工作關係。因此，你在短期、長期都達成了雙贏。

高曼的著作《ＥＱⅡ：工作ＥＱ》中，有一個以同理心作出困難決策的好例子：

比較一下兩間公司關廠時對待員工的方式。在ＧＥ，員工在兩年前被告知工廠要關閉，公司也盡一切努力幫員工另謀新職位。另一間公司在關廠前一個星期才告知員工，也絲毫不幫忙員工找出路。

結果呢？大約一年後，ＧＥ的前員工有絕大部分表示ＧＥ是家好公司，百分之九十三讚揚公司提供的轉職服務。另外一間公司則只獲得百分之三的員工的認可。ＧＥ保存了許多好意，而另一家公司則惡名昭彰。

把人開除的時候，我們是迫使這些人經歷人生中最痛苦的事之一。但即使是這件事，也能帶著同理心來做，而且即使在那樣痛苦的情境下，信任與美意還是會萌生。有人稱之為「強勢卻不仗勢欺人」。

如何增加同理心

同理心隨著善意增加。善意是同理心的引擎，啟動你付出關懷，讓你更善解人意，別人對你亦然。你給別人越多善意，就越能同理他們。

同理心也隨著察覺到的相似性而增加，我們越察覺對方和自己的相似之處，就越能同理對方。安德麗雅．施瑞諾（Andrea Serino）與團隊做了一個迷人的研究，名稱恰如其分：「**如果你我有相似之處，我對你感同身受**」，道出了察覺相似度對同理心的影響有多大。研究根據一項發現而來：觀看自己身體被觸摸的影片時，可以暫時增加你對觸覺的敏銳。舉例來說，如果你的臉頰受到輕微電擊，強度剛剛好低於你能察覺的程度（稱之為「未達門檻的觸覺刺激」），你大概不會有感覺。但如果同時你觀看自己臉頰被觸摸的影片，那麼大概就會有感覺。換言之，觀看自己臉頰被碰觸，讓你對臉頰被碰觸的感覺更敏銳。這種機制叫做「用視覺重新定位觸覺」，而且如果觀看被碰觸的臉頰是別人的而不是自己的，也會產生效應。

施瑞諾的研究進一步去探索，當你看到被碰觸的臉和你自己的相似時，用視覺重新定位觸覺會不會更有效？在第一個實驗中，他們用和受試者相同民族的臉，對照組則是其他民族的臉（該實驗是高加索人種和馬格里布人）。結論有趣但也不意外，受試者看到同一民族的臉孔時表現較好。

第二個實驗用的是每個受試者所屬政黨的政治領袖的臉，對照對立政黨領袖的臉（全都屬於同一民族）。結果顯示，如果受試者看的是自己所屬政黨的領袖，實驗效果較為顯著！真是令人瞠目結舌，單單察覺對方與你是否有共同的政治信仰，就能在無意識、神經系統的層面中，顯著影響你對他的反應。

因此，要變得更有同理心，我們需要培養心性，使其本能地以善意回應每個人，並能自動察覺他人「就像我一樣」。換句話說，我們必須培養心理習慣。

培養你想要的心理習慣

培養心性的方法就是培養心理習慣。培養心理習慣的練習，是根據簡單、顯而易見但又深刻重要的見解。佛陀這麼描述：

> 如果你經常去想、去思考一些事物的話，你的內心會傾向那些事物。❷

換句話說，我們心裡常常想什麼，就會成為那個模樣。

你心裡經常想什麼……
……就會變成那個樣貌。
嘿，今天學到了什麼啊？
我會變成一個漢堡。

方法本身很簡單：常常邀請念頭在心中升起，久而久之就成為心理習慣，也因此成為心性。比方說，如果每次見到別人時，你心裡祝他快樂，那麼終究你會養成習慣，只要遇到別人，你心裡就直覺地祝他快樂。過了一陣子，你就培養了善意的本能，變成一個善良的人。每一次遇到他人，你的善意就顯示在面容、姿勢、態度上，大家受到你個性的吸引，而非只是你的美貌。

練習的非正規方法，就是每一次遇到他人，你都生出這些念頭，就這麼簡單。然而，也有一套正規、系統化的方式，很多人覺得非常有效，我們稱之為「就像我一樣／慈心練習」。

就像我一樣／慈心練習

要看出彼此的共通點以及提供善意，有兩個不同的練習。第一個練習叫做「就像我一樣」，我們提醒自己，自我和他人有多麼相似，因此培養出平等的習性。第二個練習很常見，稱為「慈心禪」，給予他人祝福，培養善意的心性。我們將兩種練習合而為一。

2.《雙想經》（《中阿含經》，一〇二經）：高明思考帶你走向長期快樂，低段思考導致你惹上媽媽警告過的麻煩。你那時還嫌媽媽嘮嘮叨叨。

在課堂上，我們通常兩人一組、面對面坐著來練習。而此處不用找人對坐，只需在心中想像你關心的人的模樣，如此進行練習。

希望你能慢慢地讀「就像我一樣」與「慈心」練習的指示，當中多多暫停反思。

就像我一樣與慈心禪

準備

找一個舒服的姿勢坐著，讓你可以同時放鬆又警覺。用兩分鐘開始，把心安頓在呼吸上。

心裡想一個你關心的人，想著他／她的模樣。如果你願意，可以拿出那個人的照片或影片。

就像我一樣

現在，緩緩地讀以下的文字給自己聽，每一句的句末都停下來反思：

這個人有身體、有心靈，就像我一樣。

這個人有感情、有情緒、有思想，就像我一樣。

這個人曾經在生命的某一刻，覺得難過、失望、生氣、受傷或困惑，就像我一樣。
這個人在生命裡，曾經歷過身體與情緒的痛苦，就像我一樣。
這個人希望能脫離苦痛，就像我一樣。
這個人希望身體健康、為人所愛，並且有圓滿的人際關係，就像我一樣。
這個人希望快樂，就像我一樣。

慈心

現在，讓我們許下願望。
我希望這個人有力量、有能力、有情緒和社會的支援，能引領他通過人生的困境。
我希望這個人能遠離苦痛。
我希望這個人能快樂。
（停頓）
因為這個人同而為人，就像我一樣。
現在，我希望每個我認識的人都快樂。
（長長的停頓）

尾聲

一分鐘讓心靈停駐，以作結。

只要問參與者在練習時有何感受，回答多半都是「快樂」。他們發現，身為善意的發送端，感覺既平靜又快樂，快樂程度不亞於接收善意。這點或許有些出乎意料，但一想到人是高度社會的產物，甚至連大腦都預設線路為社會性的，一切就說得通了。有鑑於我們是群居的動物，也需要在社會裡才能生存，對別人好其實就是對自己好的這個道理，或許就是我們生存機制裡的重點。有研究甚至指出，日行一善持續十天以上，可以顯著增加你的快樂。

換句話說，**善意是快樂源源不絕的源頭**——這個領悟簡單卻又深刻，足以改變生命。

運用同理心練習，拯救婚姻及其他關係

上述練習最棒的一點是可以用在所有情境，以修復人際關係，我覺得用來處理衝突特別有用。只要我和老婆或和同事吵架，我就到另一間房間去冷靜，冷

「你們確定『就像我一樣』練習應該這麼做嗎？」

靜幾分鐘之後，再秘密進行這個練習。我想著隔壁房間對方的模樣，提醒自己那人也和我一樣，希望遠離苦難、希望快樂等等；接著，我祝福那人幸福、快樂、無苦無痛等等。區區幾分鐘，我好過多了，不管是對自己、對他人，還是對整個情況都一樣，絕大部分的怒氣煙消雲散。

下次你和你關心的人或是共事的人起衝突，我建議你做這個練習，對你的人際關係有神奇作用。我想，嫁給我不完全是倒楣事，這個練習是主因吧！

傳統的慈心練習

上述的慈心練習是改編自古老的「慈心禪」修習，巴利文為Metta Bhavana。傳統形式結構較縝密，步調也較慢（說來好笑，身為工程師，我反而把練習改得**比較不**縝密）。和很多其他的禪修練習一樣，傳統的「慈心禪」開始時花幾分鐘靜心。一旦建立起某程度的心靈平靜後，就邀慈心善念前來，只要靜靜地一再對自己複述以下句子：

願我平安。

願我快樂。

願我脫離痛苦。

幾分鐘之後，邀請慈心善念朝向你原本就喜歡或仰慕的人，對這些人開創慈心是比較容易的。你喜歡的話，也可以套用上述的句子，願他／她平安、快樂、脫離痛苦。

幾分鐘之後，對你沒有偏好或偏見的人這麼做，也就是你不特別喜歡或不喜歡的人，甚至你根本不太認識的人。幾分鐘之後，對難以相處的人這麼做，也就是你不喜歡的人，或讓你生活很難過的人，願他／她平安、快樂、脫離痛苦。最後，把這種感覺擴展到眾生，願眾生平安、快樂、脫離痛苦。

這個練習最棒的一點，就是進行到難以相處的人時，你的心靈已經沉浸在慈心中，所以比較容易打破你平常看待那人的習性。譬如說，如果你的習性是每次想到瑞克，不由得就起反感，而你每天用瑞克當作慈心禪的對象，一陣子之後，你心裡會開始把瑞克

好，來看看……下一個
慈心禪的對象該找誰？
綠魔
八爪博士
猛毒
神秘客
毒蠍人
蜥蜴人
獵人克雷文
禿鷹
犀牛人
電光人

和正向感受連在一起，因為每次你在禪修中想到瑞克，心靈都沉浸在慈心中。不久之後，你可能發現自己不再討厭瑞克，還得再找另一位難相處的人來進行慈心禪（最後，你可能找不到討厭的人了，對禪修來說可能有點麻煩，但絕對不是件壞事，真的）。

如果傳統的修習對你比較有用，那就用這個吧！

幫助他人發掘潛能

前幾節中，我們學到培養基本同理心技巧的練習。接下來的幾節，讓我們專心討論助人成長、激發他人潛能的練習。

建立信任對工作有利

同理心滿好的，但除了好之外，還是幫助你工作成功不可或缺的要素，特別是如果你的工作內容包括建立團隊或輔導、指導、照顧他人。有一個基本能力能夠讓你在上述活動中展現高度效能，而該能力就是建立信任。這一點你絕對可以信任我。

同理心幫助我們建立信任。用同理心與他人互動時，他人較能感覺到受到注意、聆聽與瞭解。人一旦有此感受，安全感就會增加，也比較會去信任能瞭解他們的人。

研究工作效率的幾位大師，都將信任當作他們實踐與策略的基石。舉例來說，傑出的執行教練馬克・雷瑟，建議指導／輔導的循環要包含以下步驟：

1. 建立信任。
2. 傾聽（藉由第三章的「接軌」及「內省」）。
3. 問探究式及開放式的問題。
4. 提供回饋。
5. 聯手創造選擇與實踐。

最重要的步驟，就是第一步——建立信任。信任是指導／輔導關係的基礎，道理很簡單：和受輔者合作的首要之務，就是他必須開誠佈公。他越坦然，你們倆合作起來就越有效率；而他越信任你，就越可能坦然，就這麼簡單。沒有了信任，輔導關係不過是徒然浪費時間（除非在輔導對談中，你們一邊吃甜甜圈，甜甜圈至少彌補了一些浪費掉的時間，不過我不建議用甜甜圈來取代信任）。

同樣地，信任是高效能團隊不可或缺的基礎。在《團隊領導的五大障礙》一書中，派屈克・藍奇歐尼（Patrick Lencioni）用金字塔圖形來解釋團隊功能產生障礙的五個原因。

這五個功能障礙以因果關係排列，分別為：

1. 缺乏信任：不信任團隊成員的意圖。覺得需要保護自己，凡事過度小心，處處防人。如此導致下一個功能障礙。

2. 害怕衝突：缺乏信任，讓大家不願意參與有意義的爭論和衝突。這種衝突是正面的，旨在解決問題，而不牽涉人身攻擊或隱含個人企圖。沒有這些健康的衝突，問題一直懸而未解，或無法得到令人滿意的結果。大家覺得自己未在決策中扮演適當的角色，以致於下一個功能障礙。

3. 缺乏承諾：當大家覺得自己的投入不受看重，決策過程中也沒有受到重用，就會開始不買帳，對最終的決定覺得事不關己。事情輕重與團隊方向越來越模糊不清，不確定感揮之不去，導致下一個功能障礙。

4.規避責任：當大家對於決策覺得事不關己時，就會避重就輕，不扛起責任，更糟的是，成員也不彼此要求負責任去達到高標準。怨恨鬱積，平庸擴散。如此導致下一個功能障礙。

5.忽視成果：這是一個團隊最終極的功能障礙，大家都不關心團隊的共同目標。達不到目標，無法有所結果，失去最好的隊員，讓他們投誠到敵手那邊。

這一切都起於信任。缺乏信任是其他功能障礙最根本的原因，說得更明確一點，藍奇歐尼所談論的信任，就是他所謂的「願意暴露個人弱點的信任」。當團隊成員夠信任彼此的意圖，就願意不藏匿自己的弱點，因為他們有信心不會因為暴露出弱點就對自己不利。因此，他們願意承認問題與缺陷，並且求助。換句話說，他們能夠將精力專注於達到團隊的共同目標，而非浪費時間

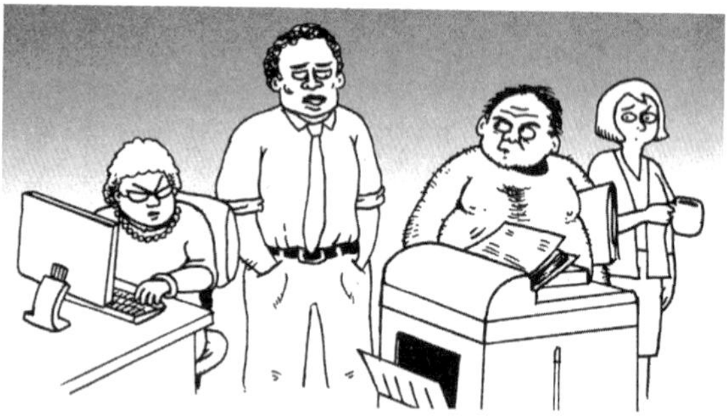

「老實說，大衛，我們比較希望你回到之前還沒這麼開放的樣子，不用在我們面前暴露這麼多。」

試圖捍衛自我、在小組面前粉飾太平。

這種願意暴露個人弱點的信任和馬克・雷瑟所說的正是同一種，是有效指導／輔導關係的基礎。一旦你學會建立這種信任，就能更有效能，不管是身為團隊領導人，或是擔任導師、教練。

從眞誠、慈心和寬大開始

多年以前，我有個經理約翰，我相當敬愛他，我們兩人私交甚篤。約翰在很不愉快的情況下，離開我們共事的公司，依我之見，此事對他來說很不公平。新的經理艾瑞克取代約翰就任時，我很不高興。於情，我對艾瑞克滿懷憤怒；但是於理，我知道這其實根本不是艾瑞克的錯，所以我決定要化解我對他的憤怒。當時，我已經是個資深的禪修者了，所以相當清楚應該用的工具：同理心。

我本來就認識艾瑞克，偶爾也和他在小事上合作過，所以我知道他人不壞。事實上，平心而論，我懷疑（更正：確實）他是個好人，現在就差說服自己的情緒腦了。所以，他首次以我的頂頭上司身分和我一對一談話時，我確保只談論私人的事情，而且秉持著仁慈寬大的心情。我們分享了人生的故事和志向，我還問他想如何拯救世界。我這麼做，是想讓我的思考腦和情緒腦有機會認識艾瑞克這個人，把他和他的內在美德聯想在一起，這麼一來，每次我見到他，我的情緒腦就會這麼反應：「他是個好人，我喜歡他。」

這招立即見效。艾瑞克對我也報以真誠、慈心、寬大，很快贏得我的信任。更棒的是，我發現他是個值得敬佩的好人。比方說，他年輕時曾在第三世界國家參與維繫和平的工作，這點他很少提，但是我相當敬佩。我們首次對談接近尾聲時我的情緒腦已經被安撫，而思考腦告訴情緒腦說：「看吧？我**早說過**他是個好人！」我對他的憤恨已經消失瓦解。

在區區一小時的對談時間裡，艾瑞克和我就建立起互信的牢固基礎。之後，我們共事的期間，都有非常正面、有效率的工作關係，我也很樂意稱他為朋友。

（真實故事，當事人使用化名，以保護我本人。）

這個故事的寓意就是開會時記得要準備甜甜圈。哈，我開玩笑的啦。真正的寓意是，信任必須從真誠、慈心、寬大出發，每一段關係都從這裡出發，最能達到理想的成效，工作、生活皆然。只要有可能，一開始都假定對方是好人，值得以善意相待，除非被證明事實相反。

另一個教訓是把對方當作有血有淚的人。建立信任之際，我發覺思考腦通常很好對付，困難的部分是安撫情緒腦。要安撫情緒腦，我必須體認到對方和我一樣都是人，不只是談判的對手或客戶、同事，對方也是活生生的人，就像我一樣。當你的心不論處於什麼情境，都能這麼運作，特別是在困難的情境，你就能開創互信的穩固條件。

凱倫．梅（Karen May）博士是Google領導力和人才管理的副總裁，也是我在工作上遇過最有同理心的人。她提供兩個額外建立信任的訣竅：

1.練習對別人姑且信之：多數人的行為都有出發點，他們依據自己的目標及現有的資訊，判定當下該做某事。他們有自覺正當的理由，即使旁觀的我們並不能認同他們的行為。就算我們無法理解或會有不同的做法，也要假設他們做的是至少對他們自己正確的決定。

2.記得信任會招來信任：能和他人建立起信任，必先假定對方值得信任並如此相待。當你覺得某人信任你，就比較容易也信任對方，反之亦然。

「這一套對婆婆也有用嗎？」

拉近信任感的三個假設

我主持會議時，喜歡以我稱之為「三個假設」的練習作開場白。我邀請會議室的每個人對其他所有人做出以下三個假設：

1. 假設房間裡的每個人在此是為了要服務眾生，除非被證明為非。
2. 基於上述假設，我們因此假設沒有人有任何不可告人的目的，除非被證明為非。
3. 基於上述假設，我們因此假設即使我們意見不合，大家仍然通情達理，除非被證明為非。

我發現當你以上述假設當作會議開場白時，會議室裡的信任感就提高了。我推薦用這個簡單的練習，來促進團隊之內的信任感。每一次開會都進行，你可能會發現團隊成員逐漸往互信邁進。

進階的練習：同理傾聽

如果你一直都在練習靜觀式對話（第三章提到的接軌和內省），你現在可能已經對靜觀傾聽很嫻熟，還因為傾聽的高超技巧受到同儕的佩服。小蚱蜢，現在是更上一層樓的時候了，現在我們要從靜觀傾聽晉升到同理傾聽，還要能夠傾聽感受。

同理傾聽是非常有力的技巧。有一次在「搜尋內在自我」的同理傾聽練習中，為了補空位，我也扮演學員的角色。練習中，我在夥伴說話時傾聽她的感受，然後告訴她我覺得她的感受為何。我說完之後，她竟然哭了。我問她怎麼了，她說很久沒有感受到如此受人瞭解了，當時，我才赫然發現同理傾聽的力量。大家渴望他人瞭解自己的感受，一旦有人能懂，內心就激動不已，有時候還泫然欲泣。想想看，如果你善於同理傾聽，可以給別人多少好意。

在「搜尋內在自我」的過程中，正規的「靜觀式對話練習」（見第三章）外加一大變化，就是同理傾聽的練習。在「靜觀式對話」中，進行接軌的傾聽者以「我聽到你說……」來開始回饋。在本練習中，進行接軌的傾聽者則以「我聽到你**感覺**到……」來開始回饋。這需要傾聽者傾聽感受，然後針對感受給予回饋。

同理傾聽的正規練習

這是「靜觀式對話」練習（見第三章），但你不用傾聽內容，而是傾聽感受。

兩人一組，輪流擔任說話者與傾聽者。和平常一樣，說話者先獨白。如果你是傾聽者，在說話者獨白之後，你對所聽到的說話者的感受進行接軌。換句話說，你的接軌不以「我聽到你說……」開始，而是以「我聽到你感覺到……」開始。

建議的獨白題材為：

- 劍拔弩張的工作情境，或你和老闆、同事、下屬之間的衝突。
- 你能感受到他人痛苦的時刻，或你願意感受卻感受不到他人痛苦的時刻。
- 摻雜情緒成分的任何題材。

後設對話

每一個人都輪流當過說話者和傾聽者之後，進行後設對話，談談對話時的感覺如何。

在課程中，完成練習之後，我們祭出關鍵句：我們從沒對班上解釋**如何**進行同理傾聽，我假設大家早就知道。

此言奏效。通常我們在祭出關鍵句之後，學員又驚又喜地發現他們在沒有任何指示下，就能同理傾聽。他們自己發現，同理傾聽是一種與生俱來的能力，是我們社交腦中已經安裝好的標準配件。我們只需做一件事——藉由練習來精進。

更具體一點，我們有四件事情可以做，來強化同理傾聽的能力。

1. 靜觀：有了靜觀禪修，我們變得更有覺察力、更樂於傾聽。
2. 慈心：有了仁慈的心，我們更能傾聽感受。
3. 好奇：聽別人的故事時，練習揣想他們當時的感受。
4. 實踐：盡量去實踐同理傾聽。越常練習，就會變得越厲害，特別是結合靜觀、慈心、好奇心來練習時。

有鑑於上述看法，以下提供一些建議，告訴你如何在日常生活中非正規地實踐同理傾聽。注意非正規練習比正規練習有些難處理。在正規練習中，我們營造一個刻意的環境，來談論我們有多會傾聽彼此的感受；但在平常的對話中，我們通常不會說：「我要跟你說我所聽到的你的感受為何，你再告訴我我說得準不準，好嗎？」這樣實在有點彆扭。因此，在非正規的練習中，我建議專注在你自己和同理傾聽有關的內在特質，給予回饋要謹慎，想要留在自己的舒適圈附近也沒關係。記住，一般人通常不喜歡聽到自己的感受被分析，即使你一語中的（你可以在家試試來確認：「顯然你覺得很受傷。」「我才沒有！」）因此，詢問別人的感受，或至少這麼說：「我聽到的是這樣……」如果你不盡然正確，給說話者機會來糾正你。只要每次都把靜觀、慈心、好奇帶入你的功夫中，你的同理傾聽會隨著練習漸入佳境。

同理傾聽的非正規練習

對話前準備

最有助於同理傾聽的特質，就是靜觀與慈心。如果你有時間為對話做準備，先預備好這些特質，一開始用幾分鐘進行「靜觀禪修」（見第二章）。當你的心充滿靜觀，你就越能夠注意到自己和他人的感受，也越有能力不帶批判地傾聽，於是對即將聽到的內容更能敞開胸懷。如果你還有時間，花幾分鐘向對方做本章之前介紹的「就像我一樣／慈心」練習。把你自己放在那般的心境中，讓對方更樂於接受你，你也更樂於接受他／她。

對話之中

對話之初，在心裡想：「我希望這個人快樂。」傾聽時，練習「靜觀傾聽」（見第三章）。提醒自己要傾聽對方的感受，好奇他／她的感受為何，給予他／她充裕的談話時間。

如果情況恰當，你也覺得自在的話，可以詢問對方他／她的感受為何。若情況允許，你也覺得自在的話，你可以告訴他／她（溫柔且帶著慈心）：「我聽到你感受到……」給予對方充裕的時間回應。要是你說對了他／她的感受，他／她可能會因你的瞭解而深受感動，並讓你知道。如果你說錯了，就讓他／她來告知你，並且以仁慈、寬大的胸懷來傾聽。

後設對話

假如情況適當、你也覺得自在的話，在對談的尾聲，你可以開啟後設對話，問問：

「剛才的對話對你有幫助嗎？」

有技巧地讚美他人

除了同理傾聽之外，要激發人的潛能，讚美他人也是一種方法。務必記得一定要真心誠意地讚美（讚美絕不虛情假意）——如果你的讚美不真心，別人終究會發覺，而你也失去了信用。不過，即使你的讚美是真心的，你還是得學會讚美的技巧，讚美別人反倒害了別人的例子屢見不鮮，即使你完全出於善意！

克勞蒂亞．穆勒（Claudia Mueller）和卡羅．杜威克（Carol Dweck）做了一項研究：一群五年級學生被指派去解決問題，問題事先設計過，學生一定會有好表現，並會因為成功而受到讚美。有些學生被讚美好聰明（「個人讚美」：「你一定很聰明才能解出這些問題。」），有些學生被讚美好努力（「過程讚美」：「你一定很努力才解出這些問題。」），而剩下的學生是對照組，只被告知成績很高，沒有被讚美。之後，再給這些學生難度更高的問題。那些被讚美很聰明的孩子，表現得比其他組差很多；而那些被讚美很努力的孩子，表現得比其他組優秀許多。被讚美好聰明不是件好事呢！

在上述研究與相關研究中，學者提出的解釋為：當人因為天生特質而受到讚美，就會增強其「命定心態」，相信我們的成功都是因為天生的定型特質。採取這種思維的人，擔心自己的特質，也會擔心自己夠不夠好。他們一旦失敗，就會歸咎於自己不夠好，他們不敢接受挑戰，就是怕失敗會顯出自己的不足。相對地，當人因為努力過程而受讚美，就會增強其「成長心態」，相信透過專心致志和努力，能養成某些特質，因此成功是來自於努力。採取這種心態，使人熱愛學習，養成越戰越勇的復原力，這都是偉大成就的必要條件。

這樣看來，給予回饋的方式最好要能鼓勵成長心態。回饋最好緊扣著努力和成長，而非只是替個人貼標籤。

簡言之，最好去讚美一個人很努力，而非很聰明。喔，謝謝你閱讀本書，你一定一直都很賣力學習。勤勉不懈，很好！

個人讚美：

「你是天生的掠奪奇才。」

過程讚美：

「你掠奪時眞的很努力。」

同理心的高段技巧：促進組織關係意識

既然我們已經學會一對一互動的同理心技巧，現在該進階到更難的技巧了：解讀組織內情緒氣場及權力關係的能力。此技巧一般稱為「組織關係意識」。

一旦具備組織關係意識，在任何組織內都很有用。還好，這項技巧對同理心的實踐者並不陌生，因為某種程度來說，組織關係意識是把同理心從人際層級套用到組織層級。丹尼爾．高曼曾經這麼描述：

> 每個組織都有看不見的神經系統，牽涉到關係與影響力……有人對這種雷達探測不到的世界渾然不覺；有人卻清楚明瞭地掌握一切動態。要讀出能影響真正決策者的潮流，必須靠同理心這種能力，而且是在組織層級之上，而非只是人際層級。

換個角度來看，運用「純粹無添加」同理心，你瞭解每個人的感受、需求和利害關係；運用組織關係意識，你瞭解每個人的感受、需求、利害關係，**以及**人與人之間的感受、需求、利害關係怎麼互動，並且如何交織成一張整個組織的情緒布匹。要瞭解組織關係意識，還有更多變項，但是需要的基本技巧是相同的。

如果你瞭解人，也瞭解他們之間的互動，你就瞭解整個組織，這就是組織關係意識。

組織關係意識的練習

除了本章中提過的（純粹無添加）同理心練習之外，還有一些實用的練習可以培養組織關係意識。我睿智的朋友馬克．雷瑟根據他多年擔任執行長和執行教練的經驗，推薦以下的練習。

1.在你的組織內，保持熱絡的人際網路，特別是和能支持你、挑戰你的夥伴、良師與工作小組。為達到此目的，要關懷他人、幫助他人、經營人際關係，重視一對一的關係，還有和重要小組的關係，也就是你的團隊、其他的經營團隊、客戶、利害相關人等等。

2.練習解讀組織裡檯面下的暗潮，瞭解決策是如何做成的。決策是高層定案的，還是根據輿論？制定決策時誰最有影響力？

3.區分你自己的利益、小組的利益，還有整個組織的利益——每個人都有這三重利益，瞭解哪個是哪個很重要。

4.利用你的自我認知，更清楚你在人際圈與互動網絡中的角色。經常使用同理傾聽來瞭解他人對於處境的感受，以及對彼此的感受。

以下的練習，可以幫助你增加組織關係意識。

組織關係意識練習

你可以選擇以寫作或說話來進行練習。如果你想做說話練習，可以對朋友說。

導引

1.想一個過去或現在的艱難處境，有發生衝突或意見不合的真實情境，對你來說很重要、能左右你的。

2.描述該情境，好似你百分百正確且通情達理。可以寫下來，也可以用獨白方式說出來。

3.現在描述該情境，好似對方（一或多人）是百分之百正確且通情達理。可以寫下來，也可以用獨白方式說出來。

如果你是和朋友以談話的方式的練習，以自然對話的方式討論你獨白的內容。

這個練習的主要目的在於，練習客觀地從不同立場（在此處，就是你和另一方）的觀點看事情。你可能注意到導引的用詞非常小心。關鍵的學習重點在於明瞭步驟二和三的說法經常可以是同一套。換言之，衝突會發生，不見得是因為一方有錯或不明事理，非常有可能兩方都百分之百正確、也百分之百明理，但仍然產生衝突。

衝突之所以會產生，原因很多，其中一個常見的原因，就是大家其實擺在第一順位的事情不同。舉例來說，一位工程師可能把如期交件視為首要任務，她可能認為準時交出產品比較重要，即使必須要因此減少產品功能。另外一位工程師可能把完整交件視為首要之務，他可能認為交給客戶當初承諾的所有功能比較重要，因此不惜延期。在這個案例中，兩人都是對的，也合情合理，但是他們可能因此吵個沒完，除非兩人都能夠瞭解並內化對方心中已存在的優先排序。

另一個常見的原因就是我們的資料不完整，這在現實生活中滿常發生的，我們也都有自認合理的方式來填補不完整的部分。舉例來說，假設我們有機會做一筆大生意，能夠輕易在幾年之內獲利翻倍，甚至增加兩倍，但是卻需要先投資大筆金錢，數目超過我們目前的淨資產。這個機會是難以抗拒到我們非投入不可，還是風險太大會讓我們破產？沒人能確切知道，因為沒有人能預先曉得，這筆投資每年能真正帶進多少新客戶？這樣的情況下，我們只能盡量猜測，所以即使雙方都言之有理，還是有可能產生很大的歧見。這些歧見將無法解決，除非大家假設對方也有理，並對彼此心中的預設立場敞開心胸。

你越常能夠看出產生歧見的雙方皆言之有理，就越常能客觀瞭解不同的觀點，你的組織關係意識就會越正確。

這讓我想到一個笑話：有兩個人意見嚴重不合，吵個沒完，所以他們決定要去請教一位智者。第一個人先對智者闡述自己的論點，智者點點頭說：「對，你說得對。」第二個人也把他截然不同的論點說給智者聽，智者也點點頭，並說：「對，你說得對。」

第三個人目睹整個對話過程，覺得不對勁，就問智者說：「等等，事情不太對。他們兩個不可能同時都對啊！」智者點點頭說：「對，你說得對。」

師父，你怎麼能說我們倆都是對的？
我想讓你們知道，在這個一知半解的世界……
……我們應該要包容彼此基本的合理性，而非頑固地針對已知的差異爭辯。
我就是這樣做啊，是你沒有！
胡說！是你沒有，不是我！

練就高度同理心的心性

同理心已經預先安裝在我們的大腦裡，我們有內建的同理心。但是這章想要讓你帶走一個觀念：同理心是可以藉由練習來提升的，而且練習多半需要靜觀，並開創有助於同理心的心理習慣。這些習慣中，最重要的是慈心。有了仁慈的心理習慣意味著每次你和他人互動，你心裡不費力、自然升起的想法就是：「這個人和我一樣都是人。我希望他／她快樂。」有這樣的心理習慣，讓你更樂於接受他人，他們也更樂於接受你。

另一個心理習慣就是寬大為懷，即使你不認同對方，還是能理解他們有幾分道理，至少從他們的觀點而言。擁有此種心理習慣讓你能更清楚客觀地看待社交互動，心理習慣久了就自然成為心性。

若你經常練習靜觀，並培養上述心性，就能穩穩打好同理心的基礎。如果，除了基礎之外，你還多多練習同理傾聽，並常常注意別人，最後會培養強烈的同理心，並拓展成組織關係意識。

這些可都是真功夫，絕不是猴戲。

第八章

讓效能與親和力並存

——你可以既有領導力，又擁有社交技巧——

搜尋關鍵字：「善念」

只要你真心對他人感興趣，兩個月內交到的朋友，
會比你花兩年試圖讓別人對你感興趣所交到的朋友還多。
換句話說，交友之道就在為人之友。

——戴爾．卡內基

深得人心，爲你的事業加分

兩位素負盛名的領導力學者吉姆．庫茲（Jim Kouzes）及巴瑞．波斯納（Barry Posner），提供了以下的研究結論：

……學者檢視了經理人成功背後的諸多因素。〔他們〕發現區分排名前四分之一和後四分之一經理人的顯著因素只有一個，就是情感這部分得分很高——不管是外在表達的還是內在渴求的……比起倒數四分之一的經理人，表現最優的經理人對別人表現出較多的溫暖和愛心。他們與人比較親近，比起表現較差的經理人，也明顯地較能敞開心胸分享想法和感受。

……所有條件都相同的情況下，我們會為自己喜歡的人工作更賣力、更有效率。我們對這種上司的喜愛程度，和上司帶給我們的感受，完全成正比。

在企業界工作的我們總有個觀念：要有效率達成任務，必定得當壞人。但上述研究卻顯示或許能有更好的方式，實在振奮人心，你不見得非得為了達成任務而扮黑臉不可，任務完成同時又得人心，這兩者是可能並存的，魚與熊掌可以兼得。事實上，長遠來看，深得人心可能是完成任務最有效率的方式。這個可能性也反映在美國海軍將領的研究（我們在第一章提過），該研究顯示，最有效率的海軍中校有較高的ＥＱ，也較受人愛戴。

在這一章，我們會探討一些情緒技巧，幫助提升你的親和力，同時也讓你的工作更成功。有人買書學習如何贏得人心，有人買書學習如何成功。本書卻兩者都教給你，你未免太幸運了！

「你知道嗎？黑武士閣下，如果你更討人喜歡，你做事就更有效能。」

利用慈悲，在困境中也能滋生友誼

即使在困難的情況下，有時候還是可能完成大事，同時又開創愉快友誼，這需要慈心、開放的胸襟以及正確的社交技巧。

多年前，我有個朋友兼同事喬（此處為化名，依然是為了保護我自己）。喬不是我小組的一員，但是他的工作包括建立公司內部使用的系統，所以這樣看來，我是喬的客戶，而且很滿意他的服務。有位新來的經理山姆加入公司，並接掌了喬的團隊，不出幾個星期，山姆把喬叫進辦公室，說他的表現差強人意，很快就會辦理資遣相關事宜。

喬沮喪至極，我也很難過。身為其團隊的客戶，我認為喬的表現數一數二，所以我對喬得到這麼低的評價感到忿忿不平，更別說他因表現不佳而遭開除。我決心要幫助他。

我在該公司有影響力，所以如果我直接槓上喬的新經理山姆，情況會很難看，這點無庸置疑，連我這個工程師都看得出來。

幸運地，當時我已有多年的禪修及慈悲修習經驗，所以我有正確的工具來技巧地處理這個情況。我先用靜觀禪修靜心，再用「就像我一樣」禪修（見第七章），設身處地為山姆想。我很快就發現，一定有什麼重要的事情是我所不知，我必須先行瞭解才能評判，我缺少一些重要的資訊。我的心很快從憤怒轉成急切想瞭解，充滿了仁慈與好奇。

我寫了一封電郵給山姆，先自我介紹、誠心歡迎他進公司，然後解釋我對喬的擔心，還有我急切想幫助他的心意。電郵的部分內容如下：

> 我知道我們都是明理的人，絕對不會貿然下決定。然而，我希望能夠瞭解這個決定背後的理由，如此我才能想辦法幫助喬。
>
> 你方便我們安排時間談一談嗎？我想聽聽你的說法，瞭解一下這件事。我不希望造成你不舒服，所以如果你不願意還請直言無妨。

還好，雖然山姆想當然耳有點不舒服，還是對我報以善意及真誠。我們一起坐下交換各自的故事，然後談到喬。我們兩人都在談話中學到很多。從山姆那裡我得知，喬給自己的團隊製造一些問題，比如說不節制地從客戶那裡攬下太多責任，以致於忽視重要的團隊目標。另一方面，山姆也從我這裡得知喬的客戶因為他服務到家，而給他很高的評價。山姆和我都補齊了一些重要的失落訊息。

之後不久，山姆和喬又談過，對彼此更瞭解，找出有效率的共事之道。喬的資遣程序也就此中止。山姆和我建立起友誼，直到今日，歷久彌新。

原本可能撕破臉的局面，竟變成長久友誼的開端。情緒管理技巧應用在社交層面，就是這麼有用。

有句古老的中國禪諺是這麼說的：「小隱隱於野，中隱隱於市，大隱隱於朝。」和多數禪諺一樣，這句話乍聽荒謬，卻又真實不虛。如果不能應用到現實生活，包括像朝廷那麼權勢誘人又危險的環境，你在本書中學到的所有情緒管理技巧都是枉然。反之，真實世界是鍛鍊情緒管理技巧的最佳地點。真實世界是你的道場與禪堂，從中你可以訓練成為情緒管理的武林盟主。

在本章，我們會學到三個必要的社交技巧：慈悲領導、善意影響，以及基於理解的溝通。

慈悲領導

慈悲存在於每一個傳統信仰中，許多哲學家都視其為美德。但是，慈悲不只是美德，也是最高層次快樂的成因，是最有效率領導形式必要的條件。確實是好物。

慈悲是最快樂的心態

本書一開始時，我們談到我的朋友馬修．李卡德（也開了他玩笑）——「世界上最快樂的人」。在功能性核磁造影下掃描、測量馬修的大腦，測出的快樂指數非常高。事實上，他不是唯一被測量出極度快樂的人，許多西藏佛教禪修大師（那些我們視為是禪修界的「奧運選手」）也在同一個實驗室接受測量，不只一位被量出最高的快樂指數。馬修是第一位身分不巧曝光給媒體的受試者，所以才得到那個綽號。另外一位身分最近曝光的受試者是明就仁波切，同樣地，明就在華文媒體圈，也被暱稱為「世界上最快樂的人」。

這些人是用科學測出來最快樂的人。我們不禁要問：他們被測量時，心裡在想什麼？也許是頑皮的事？你知道嘛！出家人都有點愛玩。事實上，他們當時冥想著慈悲。一定有很多人都感訝異吧，因為慈悲常被認為是不愉快的心理狀態，但是此處科學數據卻顯示恰巧相反——慈悲是極度快樂的心態。

這點我問過馬修。他自身的經驗證實了資料的可信度。根據他的經驗，**慈悲永遠是最快樂的心態**。身為工程師，我當然又問了接下來的問題：那第二快樂的心態是什麼？他回答：「完全開放的心境。」在這個心態中，心是全然開放、平靜、澄澈的。我不知道你覺得如何，但身為禪修的實踐者，我有頓悟之感。我們禪修時，訓練自己的心靈朝向深沉的平靜與澄澈。修習越深，我們就越快樂，而既然深沉的快樂不需要感官或心靈的刺激，有些人不免犯了從真實生活中抽身的錯誤（美國禪修者一貫地給他們取了逗趣的外號，稱這些人為「禪修懶惰仔」）。這些人即使練到爐火純青，最多也只能達到第二快樂的心態。

最快樂的心態只有靠慈悲才能達成，需要連結真實生活與真實的人，因此，禪修練習脫離真實生活是無法臻於完美的，一定得結合出世（以深化平靜）與入世（以深化慈悲）。如果你是高深的禪修者，記得偶爾要打開大門出去走走。

當我首次讀到在馬修身上做的研究時（當時我們還不認識），我的人生出現重大頓悟。我的夢想是創造世界和平的條件，為達此目的，要先創造內在和平與慈悲，而且規模是全球性的。馬修一事，讓我用全新的角度來看自己的志業。慈悲其實很好玩。這個領悟改變了整個遊戲規則。如果慈悲是件苦差事，沒人會想參與（好吧，或許達賴喇嘛還願意），但如果慈悲很有趣，大家都會參與。因此，為開創全球慈悲，我們必須要把慈悲定位為樂事。哇！有誰會想到拯救世界需要樂子？

好在慈悲也不只是樂子而已，還有真正的商業利益，尤其在企業領導的範疇。

慈悲領導是最有效率的領導

我所知道慈悲的最佳定義，來自於卓越的西藏學者圖登．錦巴（Thupten Jinpa）。錦巴長期為達賴喇嘛英譯，他的聲音很迷人，悅耳而柔和，所以達賴喇嘛偶爾會對此開玩笑（「你看，我的聲音這麼低沉，但這個人聲音這麼輕柔。」達賴喇嘛會這麼說，接著他們都大笑）。

錦巴將慈悲定義如下：

> 慈悲這種心境有一特質：掛念他人的受苦，並渴望見到受苦眾生遠離痛苦。

他特別把慈悲定義為以下三個要素：

1. 認知要素：「我瞭解你」。
2. 情意要素：「我感同身受」。
3. 動機要素：「我想幫助你」。

工作上慈悲最令人難以拒絕的好處，就是慈悲創造出高效能領導者。要成為高效能的領導者，你必須經歷重要的轉變。美敦力醫療產品前執行長比爾・喬治（Bill George）的說法最為簡潔，他說這是從「我」到「我們」的轉變。

這個變化是從「我」到「我們」的轉變。領導者要變得真誠，這是重要的必經過程。除非他們激發大家發揮全部的潛能，不然他們還有什麼方法能釋放出組織的能量？如果我們的支持者只跟隨我們的腳步，那他們的努力都受限於我們的視野與方向……只有在領導者不再專注於個人自我需求，才能夠培養出其他的領導者。

慈悲的練習就是從自我到他人，某種程度上，就是從「我」到「我們」。所以，如果從「我」轉換到「我們」是成為真誠領導者最重要的過程，那些修練慈悲的人，早已知道如何開始，並贏在起跑點上。

但，等等，還有更好的。我發現吉姆・柯林斯（Jim Collins）的大作《從A到A+》給我更多啟發。我告訴朋友們，如果他們一輩子只讀一本商業書籍，那一定要讀《從A到A+》。該書的出發點就很引人入勝了：柯林斯和其研究小組透過篩選過濾龐大資料，試圖找出讓公司從優秀到卓越的原因。他們從一九六五年到一九九五年名列《財星》雜誌五百大企業中，找出一開始只是「優秀」但之後晉升「卓越」的公司（其界定為勝過一般市場達三倍以上），並維持一段長時間（界定為十五年以上，以排除曇花一現及一時走運的公司）。他們最後找出十一間「從優秀到卓越」的公司，並和一組「對照公司」做比較，以找出讓原只是優秀的公司晉升卓越的原因。

身為熱愛資料的 Google 工程師，這本書的出發點以及極度仰賴資料的內容，我看了不禁叫好。同樣精采的是，書中的結論似乎在現實生活中也相當適用。書中提到的許多原則，感覺起來非常像我在 Google 草創時期的經驗。讀過《從A到A+》、同時也熟悉 Google 歷史的任何一個人，或許會誤以為我們這些 Google 早期的員工早就讀過這本書。所以，如果你想要創立下一個 Google，我推薦你讀《從A到A+》。

書中第一個、或許也是最重要的發現，就是領導的角色。要把公司從優秀帶往卓越，需要非常特殊典型的領導者，柯林斯稱之為「第五級」領導者，這些領導者不僅能力過人，也擁有兩個

「我說的是朝向卓越，不是潮濕卓越。」

重要且看似衝突的特質，這個組合有點矛盾，分別是野心勃勃與謙沖自牧。這些領導者都有遠大的企圖，但其焦點不在於自身，而是多數人的福祉。正因為他們的重點放在大我，因而覺得沒有必要膨脹自我，如此他們有高效能，又能激勵他人。

柯林斯的書解釋了第五級領導者的重要，令人信服，但（顯然）沒有提供訓練領導者的方法。我也沒有佯裝知道如何訓練出第五集領導者，但我深信慈悲扮演了不可或缺的角色。

如果你把第五級領導者兩個截然不同的特質（企圖心和謙虛）放在慈悲的三要素（認知、情意、動機）下檢視，你會發現慈悲的認知與情意要素（瞭解別人、同理別人）緩和了我們內在過度的自戀，因此為謙虛創造了條件。慈悲的動機要素是想幫助別人，

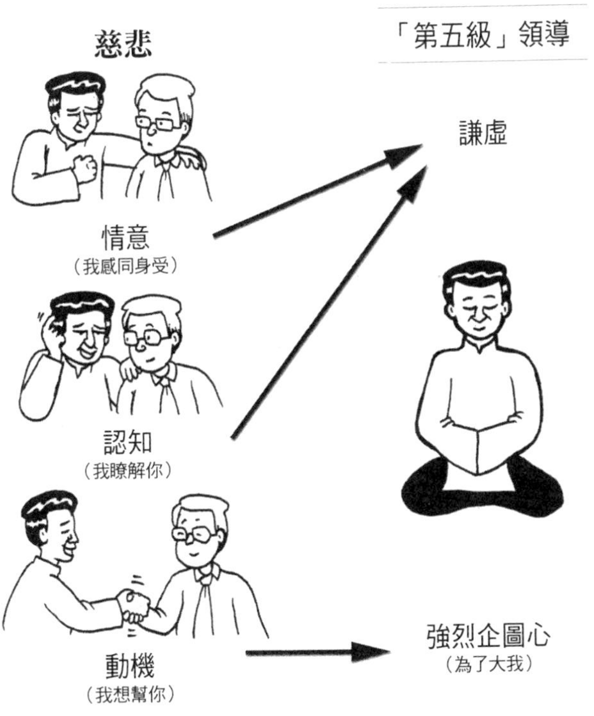
「第五級」領導
慈悲
情意
（我感同身受）
認知
（我瞭解你）
動機
（我想幫你）
謙虛
強烈企圖心
（為了大我）

引發追求大我的企圖心。換句話說，慈悲的三要素可以用來訓練第五級領導者的兩大特質。

慈悲是第五級領導的必要（但或許還不足）條件，因此，開始訓練第五級領導者的一步就是慈悲訓練，這是慈悲在職場上難以抗拒的好處。

以增加善心來訓練慈悲

我們訓練慈悲，用的方法類似慈心訓練，也就是培養心理習慣。前提是一樣的：你越常去想某事，引發想法的神經迴路就越穩固，於是就越容易產生該想法，最後，那個想法就會成為心理習慣，時常不費力就出現了。就這樣，過了一段時間，心理習慣就會成為心性。我們要用來訓練慈悲心性的工具是「善」，它既強而有力又令人愉悅。我們加強心靈的能力，使其更能察覺與增加善意，不管是在自己內心還是朝向他人。

這個練習還得用上另一個有效的心靈工具：形象化。我們的大腦投入很大量的資源去處理視覺訊息，所以理論上，如果我們可以善加利用視覺系統來處理心靈任務，就可以利用更多大腦的計算資源。實際上，我發現如果我可以把某事形象化，就能讓事情在腦海裡更清晰。因此，在這個禪修中，我們將利用形象化，來增加培養慈悲心性的效率。

練習本身很簡單。吸氣時，想像我們正吸入自己的善心，想像在心中把善心增加十倍，接著吐氣時，我們想像把所有的善心送到世間；之後，我們吸入他人的善心，其餘皆同。你願意的話，也可以把善心想成一道白光。

試著在家裡練習。

增加善心的禪修

靜心

開始時，用兩分鐘時間，把心安頓在呼吸上。

增加善心

現在，讓我們與內在的善心結合：我們的愛心、慈悲、利他心以及內在喜悅。你願意的話，可以把善心想像成一抹淡淡白光，從你的身體中發散出來。

（短暫停頓）

吸氣時，把所有善心吸進心裡，用你的心把善良增加十倍。吐氣時，把所有的善心送給全世界。你願意的話，可以想像自己放出輝煌的白光，代表充盈的善心。

（兩分鐘停頓）

現在，讓我們與每一位認識的人的善心結合。我們認識的每一個人都是好人，他們都擁有一些善心。你願意的話，可以把他們的善心想像成一抹淡淡白光，從他們身體發散出來。當你吸氣時，把他們的善心吸進你的心裡……（重複上述內容）

（兩分鐘停頓）

最後，讓我們與世間每個人的善心結合。世間的每個人都至少擁有一點點善心，你願意的話，可以想像眾人的善心像一抹淡淡白光，從他們的身體發散出來。當你吸氣時，把所有的善吸進心裡……（重複上述內容。）

（兩分鐘停頓）

結尾

把心安頓在呼吸上，為時一分鐘，以作結。

這個練習培養三種實用的心理習慣：

1. 看見自己和他人的善心。
2. 將善心施予眾生。

3. 對自我的轉變力量有信心（知道我可以增加善心）。

第一個心理習慣（看見善心）加強慈悲的情意與認知要素。當你本能地習慣覺察每個人的善心，你就本能地想要瞭解並同理他人。即使處於僵局，你不會斷然斥對方為混蛋就轉身離開，反而會想要瞭解對方，因為在他身上至少可見一絲善良。如果你經常這麼做，假以時日，你一定會受人信任，因為你能瞭解也在乎他人。

第二個心性（施予善心）加強慈悲的動機要素。當你本能地習慣將善心送給全世界，很快地，你會成為總是想幫助別人的人。假以時日，你將受人尊敬，甚至是欽佩，因為他們覺得你的心很正。

最後一個心性（對自我轉變力量有信心）加強了自信。當你越來越習慣你的心可以把善增加十倍，你的情緒腦很快就會習慣「是啊，我能帶給別人好處」的想法。假以時日，你就能啟發別

「我想要把善心送給全世界，但世界卻一直跟我要垃圾。」

人，或許到時你就可以成為第五級領導者。

給勇者的慈悲訓練

培養慈悲的傳統修行叫做「施受法」（Tonglen），在藏文中意思是「給予和接受」。這有點像「增加善心」練習，只不過不是吸入善心，而是吸入苦難（自己的與他人的），並於內在做轉換；當吐氣時，你散發出愛心、仁慈與慈悲。

這個修行對禪修新手來說非常困難，因為你必須吸入並接受痛苦。你不一定要做，但如果你夠勇敢，請無畏地去嘗試看看。以下是你可以使用的導引：

施受法禪修

準備禪修前的說明

為了精進社交技巧，我們必須清理情緒廢渣——憤怒、恐懼、困惑甚至生理痛苦，以及我們對一切的抗拒。施受法乃是為此功效而設計，圍繞著呼吸的覺察來做。

施受法字面上的意思是「給予和接受」，願意接受他人的苦難，再將安慰、幸福、平和給出去——藉此去感受我們有能力當個轉換者。

藉由吸入負面能量，我們把心當作過濾器。吐氣時烏雲通過我們身體，轉換成接納、輕鬆、愉悅以及光芒。在感受的過程中，我們增強了意志，確認沒有事能真正打倒我們，進而建立深刻的信心。我們因此有了穩固的立足點，可以撐起自我和他人的幸福，也因此打造了慈悲的基礎。

預備

讓我們從覺察身體和呼吸開始，注意通過身體的所有感覺，溫柔地將注意力帶到呼吸氣息的起伏。

（停頓）

現在，深呼吸一次，在吐氣時想像，感覺自己像座山。

再深呼吸一口，想像你從上往下觀看生命。

施受法

再次呼吸，讓我們開始施受法的修行，從自己開始。

帶著開放、寬大的心胸，想像你可以看見自己坐在面前。看著你的「凡俗之身」，以及它帶著的苦痛——只要是最近困擾你的事都算。

隨著氣息，把它吸入，彷彿是一團廢氣的烏雲，然後讓它瓦解、轉變。

隨著氣息，把它呼出，放出耀眼光芒。如此重複呼吸循環，持續一會兒。

（停頓）

注意看看你是否感受到對自己的溫柔、理解與溫暖。

（停頓）

現在練習以別人為對象：

想像你面前是你生命中的某人，正受著苦。

吸一口氣，感受一下你對他／她的經歷能包容多少。也許你感到強烈的意願升起，想要讓他／她從痛苦中解脫。

把這些當作烏雲一樣吸入，感覺它進入你心裡，瓦解了自我利益的痕跡，透露出你內在的善良。

呼出數道光芒，下定決心要減輕苦難。

讓我們花點時間，像這樣吸氣、呼氣。

（停頓）

結尾

最後的幾分鐘，你可以把手放在胸口上，專心呼吸即可。

施受法是非常有力的練習。據說達賴喇嘛每天都做，是他主要的修行之一。我第一次練習時（由諾曼．費雪禪師帶領，上述的文字稿是從他那裡取得的），體會到深厚的改變，那幾分鐘之間，我體驗到自信心穩定持久地加強。在練習中，我瞭解到許多使我裹足不前的事，都來自於我對痛苦受難的恐懼，一旦我發現自己能夠吸入自己與他人的苦難，並自在地散發愛心、仁慈與慈悲，許多牽絆我的束縛就此消失無形。

我們在早期的「搜尋內在自我」課程中都有教「施受法」，但是很快就發現對許多學員來說實在太難，「搜尋內在自我」講師群幾乎達成共識要把這個練習從課程中拿掉，但我強烈反對。「施受法」是非常有力而實用的練習，我堅持要保留。後來，我們想到很棒的解決方

「我接到一些投訴，是關於你找誰幫忙吸入苦難……」

法來回應大家的擔憂，就是開創「增加善心」練習，對新手而言既有用又容易上手，也可稍微窺見「施受法」的樣貌。所以，大概再過一百年你都還不會看到「增加善心」被歸類為傳統練習，到時候我大概比較老了吧，我想。

我建議你從練習「增加善心」開始，一旦你對自己的修行有信心後（也許幾個星期之後），試試看「施受法」，說不定能深深地改變你。

以善心影響他人

影響力守則第一條，就是人人皆有影響力。我們做或不做的每一件事，說或不說的每一句話，對別人都有影響。關鍵不在於獲得影響力，而是要擴大我們原本就有的影響力，將之用於眾生的福祉。

先從瞭解社交腦開始

我覺得擴大影響力最重要的第一步，就是充分瞭解社交腦，才能有技巧地駕馭它。

根據神經科學家艾維亞．高登（Evian Gordon）所說，「將危險最小化、獎勵最大化」的原則，是大腦支配、組織的準則。大腦這個機制，基本上會趨近獎勵、避開威

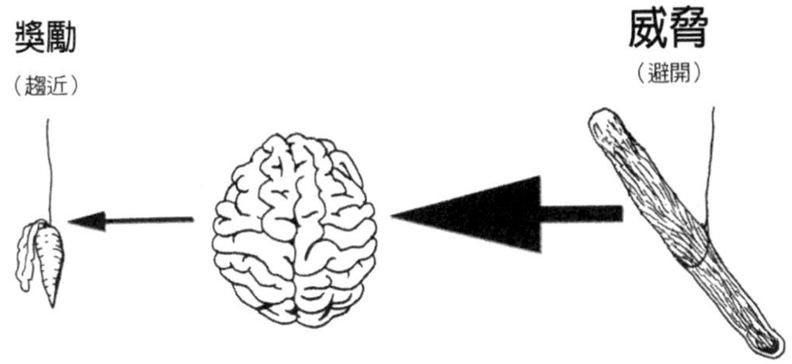

脅，如上圖所示。

注意到了嗎？「獎勵（趨近）」的箭頭比「威脅（避開）」的小很多。箭頭大小的差異，表示一重要觀念：大腦對於負面經驗的反應遠比對正面經驗要來得強烈，我們每天都會經歷到。舉例來說，假如我在走廊上遇到小吉，我對他微笑，他也微笑以對，這對我而言是很普通的正面社交經驗，對我影響力微不足道，這個經驗很有可能幾分鐘之內就從我心中消退。不過，假設這次小吉沒有微笑以對，反而將目光移開，繃著臉逕自走過。客觀看來，沒對我笑不過就是有對我笑的相反，兩者強度應該是差不多的；但是主觀看來，我的反應可能激烈得多。我可能心想：「齁，到底是怎樣？這個傢伙是哪裡吃錯藥？我哪裡又得罪他了？」這樣的反應可能不只持續幾分鐘，而是更久。比起正面經驗，負面經驗對我們的影響更強烈，為時更久。

要多少的正面經驗才能夠平衡一個相對的負面經驗？答案視問誰而定。在第六章，我們提到心理學家芭芭拉·傅瑞德森前瞻性的研究，她提出三比一的比率。

她發現「正負面情緒比達三比一才是黃金比例，超越此比例，人自然會對逆境更有復原力，並能輕易達成以前做不到的事情」。不過，知名心理學家約翰・高特曼在不同的脈絡下，發現不同的比率。他發現，婚姻要成功，兩人之間的正面互動至少是負面的五倍，高特曼把這五比一的比率稱之為「神奇比率」，更常見的名稱是「高特曼比率」。這個比率用來預測很準，據說高特曼只靠觀察夫妻十五分鐘對話、計算正面、負面互動的次數，就可以正確預測一段婚姻是否會在十年之內以離婚收場。他打趣說，難怪從此就沒人邀他去家裡作客了。

將上述兩個比率一比較，你馬上就知道為什麼婚姻這麼困難。我們在日常經驗中，對正面情緒就已要求不合理的三比一正負比，這個比率還不能套用在婚姻上，因為我們對婚姻要求更多（五比一）。這樣看來，我們對伴侶要求實在太多，而且評斷另一半還比評斷一般朋友來得嚴苛。一旦能意識到這點，或許就能給另一半一些應得的喘息空間，婚姻說不定就不會這麼難經營。

社交腦的 SCARF 模式

在《高效能人士的思維導圖》（Your Brain at Work）一書中，大衛・洛克（David Rock）描述了社交經驗的五個範疇，大腦視之為首類的獎勵和威脅，換言之，這五個範疇對你來說極為重要，大腦以關乎生存的規格來處理這五個範疇。也因為它們是如此重要，每一範疇都是社交行為的主要驅力。這五個範疇形成一模式，大衛稱之為SCARF模式，分別是身分地位（Status）、確定感（Certainty）、自主性（Autonomy）、關係（Relatedness）與公平（Fairness）。

身分地位

地位和相對重要性、權勢等級或輩分有關，人會盡一切所能保護或提升自己的地位。地位很重要，甚至可以左右壽命，不管是人類還是靈長類。地位的威脅也很容易被引發，比如說，和頂頭上司談話，就能啟動地位的威脅；當同事主動要給你「意見」的時候，也會引發地位威脅。

還好，有個方法可以增加你的地位，也不用傷害別人，大衛稱之為「和自己對戰」。當你技巧有進步（如降低你的高爾夫差點指數），你可以得到相對於之前自我的地位獎勵。掌握度能成為有效的動機（見第六章），或許原因就在於此，當你對自覺重要事物的掌握度越高，你就啟動了地位獎勵，至少是和之前的自己相比之際。

確定感

我們的大腦喜歡確定感，不確定會在腦中引發「錯誤反應」，忽視不得，除非問題解決。換言之，不確定感會佔據珍貴的大腦資源。太多的不確定感非常傷元氣，比如說，如果你不知道工作是否穩定，不確定感會佔據心中的大半部，你可能就沒什麼餘力放在工作上了。

自主性

自主性是在所處環境發揮掌控的知覺力。根據史提夫．梅爾（Steve Maier）所言，「壓力源能否改變生物體的運作，要看該生物體對壓力來源可以控制到什麼程度」，換句話說，影響你的並非壓力本身，而是面對壓力時的無助感。有許多研究都證明此點，比如說，有項研究指出，基層的英國政府官員比起高層長官，有較多壓力相關的健康問題，即使後者眾所皆知承受較多壓力。

關係

關係是判斷他人是「敵」是「友」的知覺力。關係之所以是主要獎勵／威脅電路的一部分，乃因過去我們活在休戚相關的小部落中，生存幾乎完全依賴他人。事實上，關係實在太基本了，有些研究指出，生活中會讓人長期快樂的經驗只有一個，就是社交關係的質與量（他們沒有研究資深的禪修者，所以我雖認同此結論，卻懷疑不盡完善）。世界上數一數二的大富豪「股神」華倫·巴菲特，也知道關係力量有多大，因為他曾說：「到我這個年紀的時候，要衡量一生的成功，端看你希望愛你的人中，有多少人是真正愛你的，那是你一生怎麼過的終極試驗。」

在尚未確認的情況下，大腦會先把他人都當成敵人。舉例來說，陌生人通常被我們標籤為敵人（或至少標籤為「接近者後果自負」）。幸好，在多數情況下，要把人化敵為友並不困難，比如說，只需要握個手、寒暄一下即可。本書的許多練習，如「就像我一樣」與「慈心」練習都可以大大緩和局勢，加速這個過程。

公平

人類是唯一一種動物，會為了懲罰他人造成的不公平，而自願傷害自己的利益。其他靈長類也會懲罰不公，但不會拿自己的利益當犧牲品。舉個例子，假如我們現在玩個遊戲（就是「最後通牒遊戲」），遊戲中甲（「提議者」）拿到一百元，他必須要分給自己和乙（「回應者」）。若乙接受交易，他們兩人都可以得到甲所分配的錢，但如果乙拒絕這個交易，兩人都只能兩手空空回家去。要是甲給自己九十九元、給乙一元，客觀地來看，乙沒有理由拒絕交易，因為如果乙接受，就能得到一元；如果他拒絕了，那就什麼都沒有。乙只有一個符合經濟效益的合理行動，但是許多處於乙情境的人，卻因為覺得不公平而拒絕了交易。對比之下，玩類似遊戲（用葡萄乾取代美金，當作有價物）的黑猩猩就很少會拒絕這種交易，對黑猩猩來說，放棄葡萄乾是件傻事。

這個故事告訴我們，千萬不要小看一個人的公平意識，其力量之大，有人甚至會為此犧牲自己的利益（另外一個寓意是，千萬不要指望黑猩猩會給你公平交易。同理可證，也別指望大象了）。

擴大你的影響力

所謂的有效影響他人，就是在自助的前提下，助人達到目的，同時又滿足多數人的

「這次是黑猩猩法官主導，我們可能得重新討論你案子的勝算了。」

福祉。也因此，前一節提到的 SCARF 模式非常可貴。瞭解了社交腦的神經科學，你就更清楚自己的行動如何能為己為人增加 SCARF 因素，如此才能找出方法來幫助別人又兼顧自己利益。舉例來說，如果你花點時間在人情的層面上瞭解工作夥伴，你就提高了他們「關係」的獎勵。之後，即使是技術上的齟齬，都能更容易解決，因為他們視你為「友」而非「敵」。若你不吝於讚美他人的好點子，你就提高了他們「地位」的獎勵，你之後會發現自己常接收到許多珍貴的想法和解決辦法。要是你身為老闆，不遺餘力對員工公平，提升他們「公平」的獎勵，他們就更願意為你效命。因此，有技巧地運用 SCARF 要素，來達成眾人的福祉，能為每個人創造出雙贏的局面，並擴大你的影響力。

根據上述觀念，以下是四階段的計畫，來擴大你影響力的強度與範圍。

1. 知道自己原本就有影響力。你早就在影響別人，只是在精進早已在做的事。

2. 加強自信。你越察覺並接受自己的優勢與弱點，就越有自信，也越能有效影響別人。人們情緒上會受有自信者的吸引，尤其是出自於仁慈與真誠的那種自信。第二、三章介紹的靜觀練習，與第四章的自我認知練習都能幫助你增加自信。

3. 瞭解別人，並幫助他們成功。如果你瞭解別人，並在幫助自己達成目標的同時，也幫助別人達成目標，你就能更有效地影響別人。第七章的同理心練習，再加上本章之前介紹的慈悲練習，有助於你瞭解、幫助別人。你在上一節學到有關社交腦的神經科學，幫助也很大。

4.追求大我。照顧自己利益的同時，也別忘了要超越小我，為了團體利益、公司利益，甚至世界利益而行動。另外，啟發別人產生同樣的想法，當你的善心鼓舞了他人，你就更能有效影響他人。第六章針對動機的練習，以及本章的慈悲練習，都能幫助你培養出追求大我的本能。

上述種種助你擴大影響力的練習，要用一個詞來總結的話，我認為就是**善心**。善心能激勵他人，進而改變他人。以甘地為例，善心解釋了為什麼他在當時、甚至到現在都還這麼有影響力。

善心如何在十分鐘之內改變人的一生

善心能夠改變人的一生，這裡有個令人動容的例子：知名心理學家保羅．艾克曼博士告訴我的親身經歷。

保羅是個成功的心理學家，美國心理學會選出二十世紀百大傑出心理學家，他就名列其中。然而，保羅的童年過得很悲慘，所以他長大後，成了充滿憤怒的成年人。他告訴我，他人生中的每一週，都要經歷至少兩回的暴怒，導致他做或說出一些令他之後懊悔不已的事。

二〇〇〇年時，保羅受邀到「心靈與生命研討會」（Mind and Life Conference）演講，該會議在印度舉辦，達賴喇嘛也出席。保羅原本不願意參加，因為他沒有把佛教比丘當一回事，認為他們只是一群身穿道袍的好笑禿頭佬。他的女兒伊芙花了點工夫才說服他參加。

為期五天研討會的第三天，保羅有了重大的際遇。會議中的休息時間，伊芙和保羅前去與達賴喇嘛同坐，與他談話約莫十分鐘。談話的過程中，達賴喇嘛握住了保羅的手。這十分鐘對保羅有了深遠的影響，他說他體驗了豐盈的「善」充滿了全身，讓他脫胎換骨。十分鐘接近尾聲時，他發現自己的怒氣完全消失於無形。之後好多個星期，他都沒有再經歷一絲怒氣，這對他來說是人生的重大改變。也許更重要的是，這改變了他人生的方向。保羅原本計畫要退休，但是在握著

「好，現在不用絕地武士念力，改用別的方法來發射影響力。」

達賴喇嘛的手的十分鐘，他重新發掘出內心深處的渴望，想要貢獻社會，這才是他踏入心理學領域的初衷。在達賴喇嘛稍微激勵之下，保羅取消了他的退休計畫，從此把他的經驗和智慧投入在助人增進情緒平衡、慈悲與利他思想的科學研究中。

善心的功能實在太強大了，不過是體驗十分鐘，就能改變人的一生，即使這只是完全主觀的經驗也無所謂。比方說，在保羅的例子中，達賴喇嘛說他沒做什麼特別的事，意指保羅感受到的善，其實多半是保羅自己帶入情境中的，達賴喇嘛只是催化劑。不管如何，道理是錯不了的：如果你想影響別人，沒有比善心更強大的力量。

培養基於理解的溝通

同理心是有效溝通的必備條件，但是同理心不見得就足夠，我就見過有同理心的人身陷令人沮喪的對話中。要彌補不足，需要一些關鍵理解，特別要能看出對話中隱含的元素，如其中牽連的身分認同問題、因果影響、本意為何等等。

下一節中，我們從哈佛大學所做的高難度對話架構中學習，幫助我們培養必要的理解。

有些話，實在很難開口……

有一些對話很難說出口，這些話多半很重要，但因為難以啟齒，我們常常乾脆就避而不談。舉兩個經典的例子，在職場上難以啟齒的事，一是要求加薪，二為給素行良好的員工嚴厲批評。不過，也不見得都是這麼激烈的場面。有時候，即使像請鄰居不要在沒收垃圾的日子把垃圾拿出來這種小事，就很難說出口了。

進行難以啟齒的對話是種技巧，而且還是相當實用的技巧。根據《比要求加薪更難以啟齒》的作者群，也就是「哈佛談判計畫」的成員，進行高難度對話有五個步驟。我簡單整理如下：

1. 檢視「三重對話」，以做準備。
2. 決定是否要提起這個話題。
3. 從客觀的「第三方說法」開始。
4. 探討對方的說法和你自己的說法。
5. 問題解決。

檢視「三重對話」，以做準備

增進進行高難度對話能力的第一步成效卓著，就是瞭解當中隱含的結構。每一段對話中，事實上都有三重對話在進行：內容對話（「發生什麼事？」）、感受對話（「牽涉到什麼情緒？」）、自我認同對話（「對我有什麼看法？」）。自我認同對話幾乎一定會包含以下三個問題之一：

1. 我能力夠嗎？
2. 我是個好人嗎？
3. 我值得被愛嗎？

這個步驟包含瞭解三重對話的結構，並做好準備。儘可能客觀地找出發生了什麼事，瞭解情緒上如何影響你和對方，並能指出和你有關的事情中，哪些對你來說是要緊的。

決定是否要提起這個話題

提起這個話題，你希望能達成什麼目標？出發點是生產力的考量（比方說，解決問題、幫助他人發展自我），還是有非生產力的目的（比方說，只想讓人難過）？有時候，完全不要提起話題才是正確選擇。如果你決定要提起話題，試著轉換到支持學習與問題解決模式。

從客觀的「第三方說法」開始

「第三方說法」，是從沒有利益瓜葛但瞭解來龍去脈的第三方角度，來看待整件事。比方說，假設馬修和我有爭執，我們對於爭論背後的原因有各自的說法，我們的同事約翰瞭解整件事始末，但完全沒有參與，他對事件的陳述就是「第三方說法」。

從第三方說法來開始難以啟齒的對話是最好的，這樣最客觀，也最有可能和對方達成討論的共同基礎。用第三方說法來邀請對方加入討論，共同整理一下情況。

探討對方的說法和你自己的說法

傾聽對方的說詞，進行同理，然後分享自己的立場。探究雙方何以對同一情境有不同感受。重述兩方說法，從指責和控訴的說詞，轉而去瞭解為何會造成這個情況、牽涉到這些情緒。

問題解決

找出解決之道，可以考量到彼此最大的顧慮，並滿足雙方利益。找出方法，繼續保持溝通暢通，並照顧彼此的利益。

高難度對話的觀念與實踐

好消息，如果你一直都努力練習「搜尋內在自我」的內容，就已經具備應付高難度對話的多數技巧了。現在你只需要理解兩個基本觀念。

第一個基本觀念：結果不等於意圖。舉例來說，如果我們因為某人說了什麼而受傷，可能自動推斷對方是有意傷害我們，換句話說，我們假定結果就是意圖。通常我們會用意圖來評斷自己，但是會用行為造成的結果來評斷他人，因為我們不一定知道其本意，所以我們下意識根據他們行為造成的影響，來推論他們的意圖。然而，在許多情況下，結果不等於本意。比方說，亨利的太太要他停下車去問路時，亨利覺得受到藐視，但是太太的出發點真的不是要貶損亨利的男子氣概，她只是希望可以準時抵達派對現場。她造成的結果並非她的本意。亨利啊，告訴老婆這話對你的影響，但是不要為此跟她吵，她沒有傷害你的意思（真實故事，但使用化名以保護世上的每位丈夫，亨利除外）。

第二個基本觀念：在每一席高難度對話的內容和情緒之外，存在著更重要的自我認同問題。通常自我認同問題都隱藏在檯面下，密而不宣，但通常最有影響力。舉例來說，如果我老闆要找我談計畫進度太慢的問題，最困擾我的不是對談的內容，也不是我的焦慮感受，而是我對自己能力的懷疑。換言之，我最煩惱的是自我認同問題：「我能力夠嗎？」因為體認到這一點，有技巧的溝通者會確認他知道自我認同問題，才能視情況處理問題。比如說，我老闆是個有技巧的溝通者，因此和我對談時，會先表示她對我的能力有信心，讓我放心，並說她真的想要瞭解我可能需要哪些額外的資源。因為一開始就先有技巧地處理了我的自我認同問題，整個對談的品質就不一樣了。

這兩個基本觀念和高難度對話架構的步驟一最為相關：檢視「三重對話」，以做準備。如果你一直都有跟著「搜尋內在自我」的方法練習，你對其他步驟應該已經很習以為常，因此，我們只需特別注意步驟一。

準備高難度對話的最佳方法，就是找人演練，因為有人可以先講講，讓你有機會試講、試演高難度對話的重要部分。最佳練習的對象是你信任的人，如摯友、良師或工作上信得過的夥伴。如果你較喜歡獨自練習，可以用寫作練習來取代。

為難以啟齒的對話做準備

你可以選擇以寫作或說話練習來進行。如果選擇說話練習，可以找朋友當作說話對象。

導引

1. 設想一個以前曾發生過的高難度對話，或你最近準備要進行的，或是你當初應該要說但卻沒說的。

2. 不管是寫下來，還是以獨白形式，從你的角度描述「三重對話」。這三重對話為：內容對話（「發生什麼事？」）、感受對話（「牽涉到什麼情緒？」）、自我認同對話（「對我有什麼看法？」）。自我認同對話幾乎一定會包含以下三個問題之一：

- 我能力夠嗎？
- 我是個好人嗎？
- 我值得被愛嗎？

3. 現在，假裝你是對話的另一方，盡你所能從他／她的角度來描述這三重對話。

如果你是和朋友做說話練習，用隨興對談的方式，討論你的感受為何。

「現在咧？是進行高難度
對話練習的好時機了吧？」

運用反思處理電子郵件

現代通訊的好處在於不需要面對面就能進行溝通——可以用電子郵件；壞處是我們不面對面溝通——我們選用電子郵件。是的，好消息是我們可以做到；壞消息是我們真的這麼做。

電子郵件的最大問題是情緒內容常遭誤傳，有時候結果慘不忍睹。當我們與人面對面交談時，傳遞給彼此的情緒多半是非語言的，透過臉部表情、音調、姿態、手勢等等來溝通。也就是說，我們的大腦可以傳送、接收足夠的非語言訊息，來大跳「情緒探戈」（見第七章），讓我們和對方溝通感受。這類的溝通多半是不自覺的。然而，當我們透過電子郵件溝通，就缺少了溝通感受的整體機制，一旦大腦無法共舞，感受就無以為繫。

且慢，情況其實更糟。大腦如果對於他人感受接收的訊息不足，就會自己編造——大腦對電郵的情緒內容做出假設，然後據此杜撰缺掉的訊息。然而，大腦不只是杜撰訊息，還會自動相信這些杜撰的內容是真實的。更嚴重的是，這些杜撰內容通常有強烈的負面偏見——我們經常假定他人的負面意圖比實際上多。舉個例子，當 Google 的執行董事長艾瑞克．施密特（Eric Schmidt）在走廊上看到我，帶點淘氣地伸出食指指著我，臉上掛著大大的微笑，說：「你，老愛惹麻煩。」因為我的大腦能接收所有非語言的暗示，我知道他只是在逗我，所以我一點都不擔心他會開除我。但是，如果我是透過電子郵件，收到一字不差的訊息，那我大概早就在辦公室打包用品，等著人力資源部的女士過來……呃……商討大事，即使艾瑞克在電郵中加了笑臉符號也一樣。

電子郵件會產生諸多誤解，原因在此。我們常常被電郵惹惱或驚嚇，雖然這些郵件根本無意要激怒或嚇唬我們，如果我們又情緒笨拙地以怒氣或恐懼相應，那就天下大亂了。我不確定是不是魔鬼發明了電郵，但我確定電郵是它的得力助手。

有效電郵溝通一定要具備這一基本見解：因為電子郵件鮮少包含足夠的訊息，可以讓大腦理解發信人的情緒內容，所以大腦會杜撰缺少的訊息，通常帶有負面偏見，然後不自覺地假定杜撰內容為事實。

幸好，靜觀有助於大幅提升電郵溝通的品質。「靜觀」的巴利文原文是sati，sati有另外一個翻譯：回憶（或反省），意味著靜觀不只是平靜的心靈，還帶有回想並反思觀念的強烈本質。

當我們用靜觀心態書寫電郵時，主要是仰賴靜觀的反思本質。首先要想到在另一端收信的也是個人，像我一樣的人；其次要想到收電郵的人，會不自覺針對寄件人情緒內容缺少的訊息進行杜撰，所以我們要謹慎行事。

有鑑於此，以下為靜觀心態電郵書寫的練習。

靜觀心態電郵書寫的練習

1.從有覺知的呼吸開始。如果這是特別敏感的情境，先做幾分鐘的「靜觀禪修」（見第二章）或「行禪」（見第三章），把心平靜下來。

2.靜觀反思在收信端有一個或許多個人，像我一樣的人。如果這是特別高難度的情境，在心中想像收信者的模樣，進行幾分鐘「就像我一樣／慈心」練習（見第七章）。

3.寫電子郵件。

4.在寄出之前，全心全意地反思此觀念：如果你訊息中的情緒背景沒表達清楚，收信者的大腦會編造出比你本意更負面的訊息。設身處地為收信者想，假裝你對寄件者的（你的）情緒背景一無所知，假裝你有負面偏見，然後讀自己寫的電郵。需要的話，修改你的電郵內容。

5.按下「寄出」鍵之前，再一次有覺知的呼吸。如果這是一個特別敏感的情境，比如說你正寫一封怒氣沖沖的信給老闆或部下，請在按下「寄出」之前，做三次緩慢而覺知的呼吸。若你改變心意，不想按「寄出」鍵也沒關係。

我的神奇蘑菇真言

讓我們用我為自己創造的「真言」，來結束這一章。此真言概括了許多我的社交技巧練習，真言如下：

慈愛他們，瞭解他們，原諒他們，與他們共同成長。

只要我發現自己和他人處於對峙的情勢，就會在心中默默複誦真言，這麼做通常管用，尤其是對小孩和老闆。

我朋友瑞吉爾幽默地建議這個真言也可以用在神奇蘑菇上，所以叫做「我的神奇蘑菇真言」。

第九章

通往世界和平的簡易三步驟

——「搜尋內在自我」歷程背後的故事——

要達到和平，先教導和平。

——教宗若望保祿二世

「搜尋內在自我」出自於一個簡單的夢想，就是世界和平。

正如其他比我更有智慧的人，我也相信要開創世界和平，可以、也必須從內而外。如果我們能找出方法，讓每個人都培養內在的和平與快樂，他們的內在和平與快樂自然就會現身為慈悲心。再者，如果世界上多數人都快樂、和平、慈悲，無疑能為世界和平奠下基礎。

幸好，實踐的方法早已存在，幾千年來，不同的民族也一直在身體力行，利用內觀的練習來鍛鍊心靈，也就是眾人熟知的禪修。

禪修，簡言之，就是注意力訓練。經過足夠的禪修訓練，注意力能夠文風不動，平靜且專注。注意力增強了之後，心靈很容易變得同時放鬆又警覺，且能維持一段時間。放鬆和警覺在一起，就會衍生三種心靈神奇的特質：平靜、清澄、快樂。打個比方吧，把心靈當作一直被搖動的雪景球。停止搖動雪景球後，裡面白色的「雪花」粒子就會慢慢沉澱，球體中的液體同時也會平靜下來，變得清澄。同樣地，我們的心靈一直處於翻攪的狀態，心靈深處放鬆又警覺的話，心靈就能沉澱下來，回到平靜、澄澈。這樣一來，第三種特質——內在快樂——自然就會出現。

內在的快樂有感染力。當一個人讓內心的快樂光芒發散出來時，周遭的人通常會更正面地回應。禪修者會發現人際互動越來越良好，也因為人不能脫離社會而生存，良好的人際互動也會增加內心的快樂。內在與社交快樂的良性循環因此建立，循環越穩固，禪修者也會越仁慈、越憐憫眾生。

我們可以訓練、培養心靈，來開創內在和平、快樂與慈悲心。訓練最棒的地方在於完全不用強迫自己就能擁有這些特質，因為特質早就存在每一個人的心裡，只要營造合適的條件，讓它們萌芽、生長、綻放。營造條件的方法就是禪修。禪修的時候，我們讓自己更快樂、更慈悲，如果夠多人參與，世界和平就能打下基礎。

因此，世界和平配方中的關鍵活性成分可能只有禪修這麼簡單。我很認真地覺得這近乎好笑，這麼棘手、龐大的問題，解決之道也太簡單了，幾近荒謬。只是啊，可能真的行得通喔！

這個想法讓我頓悟，我找到了人生的目標。我的人生，就要致力於讓世人容易獲得禪修的好處。我並不是想把禪修帶給全世界，甚至不是要把禪修的好處帶給全世界。我企圖要做到的，只是讓世人容易獲得禪修的好處，如此而已。我在做的，只是打開藏寶庫的大門，並且告訴大家：「在這裡，所有你看得到的寶藏，都可以盡情帶走，不用客氣。不想也沒關係。」我做的，僅僅是開門而已。我對內觀修練改變人生的力量很有信心，一旦人們理解了，人人都無法抗拒。就好像提供健康的秘訣（比如說：衛生、營養、運動、睡眠）給不健康的人，一旦世人瞭解，開始體會到健康的好處，就不會再回頭了，因為實在太難抗拒了。

但是，要怎麼做？要怎麼樣才能讓世人容易獲得禪修的好處？答案是我半開玩笑所謂的「通往世界和平的簡易三步驟」：

1. 從我開始。
2. 把禪修變成一門科學。
3. 將禪修融入現實生活。

從我開始

第一步最理所當然。套用一句聖雄甘地的名言：改變世界，從改變自己做起。為了這個目的，我想出一個幾乎可以測量的目標——在我人生結束之前，我自己要有能力做到時時刻刻對每個人仁慈。我要成為「仁慈頻道」：二十四小時放送仁慈。

把禪修變成一門科學

禪修要通俗易懂，必須成為一門科學，就像醫學變成一門科學。醫學和禪修一樣，早已實行了無數個世代，但自從醫學從十九世紀起成為科學（大概是起於巴斯德的微生物研究），相關的一切都變了。我認為最重大的改變是凡人都能接觸到醫學。當醫學成為一門科學後，神秘的面紗就被揭開了；新的工具、儀器、方法都公諸於世；行醫者的訓練與認證也大幅進步。換句話說，越來越多人能獲得好的醫療。我希望同樣的事情發生在禪修上。

二〇〇六年時，我寫了一封電郵（比較像是迷你宣言）給共修的朋友，闡述禪修必須走入科學，邀請大家群策群力，讓禪修「資料導向」。我得到的回應完全未激起一絲漣漪——大家大致喜歡這個概念，但沒有人特別有熱情。

我終於找到一個人對此感興趣。我朋友丹增・特桑（Tenzin Tethong）把電郵傳給B・艾倫・華勒士（B. Alan Wallace）博士。艾倫馬上回信給我，興奮地說他六年來也在進行類似的努力。為什麼？因為達賴喇嘛叫他這麼做！我太驚喜了。我的禪修夥伴（很多人都是科學界的人）沒有一人對禪修與科學的結合有興趣，但是達賴喇嘛卻有。當時我知道自己走在正確的路上，畢竟達賴喇嘛和我不可能同時都錯嘛！

艾倫和我很快結為好友。過了一陣子，更瞭解艾倫的成果和其他科學家的相關研究後，我知道在達賴喇嘛熱切支持之下，不管有沒有我，這個努力都會往前邁進。在這個大方向上，我做了一些其他的事，包括與達賴喇嘛及我的朋友吉姆・道堤（Jim Doty）、吳威德四人一起成為史丹佛大學「慈悲及利他研究暨教育中心」（CCARE）的發起贊助人（Jim Doty 的名字聽起來有點像「金菩提」，所以我常常開玩笑這樣叫他）。最後我知道該計畫得到妥善照料，決定把我個人的努力轉而專心在步驟三。

將禪修融入現實生活

要讓世人容易獲得禪修的好處，就不能讓禪修只局限在一群穿著滑稽長袍、隱居山林的禿頭佬上，或限於舊金山一小撮新時代靈修的傢伙上。禪修必須變得「真實」，必須融入凡人的生活和興趣，也就是滲入普羅大眾。我認為這點是三步驟中最重要的，也是我最能發揮影響力的。但要怎麼做？

來看看歷史上的先例：運動。一九二七年，一群科學家創辦哈佛疲勞實驗室（HFL），研究疲勞生理學，這項執牛耳的研究開創了運動生理學領域。他們有一重大發現：健康和不健康的人在生理上是截然不同的。事後諸葛一下，他們的研究改變了世界。

今日，多虧有這些先驅的貢獻，運動有至少四個重要特徵：

1.每個人都知道「運動對我很好」。大家對此毫無異議。當然，並不是每個人都花時間去運動，但即使不運動的人也明白自己應該運動、運動有益健康。

2.想要運動的人，都能學會方法。資訊隨手可得，如果你有需要，也請得到教練。很多人都有持續健身的朋友，也可以教他們怎麼運動。

3.公司瞭解健康、體適能佳的員工對企業有好處。很多公司都附設健身房，或提供補助給健身房會員。

4.運動是理所當然的事，而且理所當然到當你告訴朋友你要上健身房運動時，沒有人會狐疑地看著你，也不會認為你是舊金山來的某個新時代怪胎。事實上，現在的情況恰巧相反。比方說，假如你提倡虔誠的美國人不該運動，大家才會以為你瘋了。

換句話說，運動現在完全融入現代人的生活中。運動人盡皆知，人類也因此獲益良多，我希望禪修也能達到此境。我想創造一個世界，在當中禪修被大眾視為心靈的運動，擁有上述運動的四個特徵：

1.每個人都知道「禪修對我很好」。
2.想要禪修的人，都能學會方法。
3.公司瞭解禪修對企業很好，有些公司甚至會施以獎勵。
4.禪修被視為理所當然。每一個人都認為：「你當然應該禪修啊！」

現在，我們又回到同一個問題：怎麼做？我怎麼樣才能開創一個世界，讓禪修和運動一樣稀鬆平常？花了幾個月的努力，我在偶然間終於找到答案。

我讀丹尼爾・高曼的《EQ》時獲得了解答。我朋友賴瑞・碧霖（Larry Brilliant）博士，也就是Google慈善部門的執行主任，是丹尼爾・高曼結識多年的好友。丹尼爾受邀到Google演講，賴瑞趁此機會和他敘舊，也邀了我作陪。為了表示對丹尼爾的尊重，我事先拜讀了他的大作《ＥＱ》。此書給了我另一個頓悟。我找到了把禪修融入日常生活中的媒介，也就是ＥＱ（情緒智能）。

如你所知，大家對ＥＱ都已有個大略的概念，更重要的，大家知道ＥＱ對我們很有用。即使沒有全盤瞭解ＥＱ，很多人知道也相信ＥＱ能幫助他們實踐人生的世俗目標，例如工作更有效率、升職、賺更多錢、和他人共事更有效率、受人敬重、有更圓融的人際關係等等。換句話說，ＥＱ完全融入現代人的需求和渴望。

ＥＱ有兩個重要的特性。其一，除了幫助你成功之外，ＥＱ最大的副作用就是增加內在快樂、同理心、慈悲心，完全是達到世界和平所需要的。其二，正確培養ＥＱ的絕佳方法（我想也是唯一方法），就是從「靜觀禪修」開始的內觀修練。

我發現了！找到了！

要為世界和平鋪路，就是開創以靜觀禪修為本的ＥＱ課程，在 Google 內部完美運作，然後把課程贈送出去，當作 Google 送給世界的禮物。這真是完美的安排。每個人早就想要ＥＱ，企業也早就想要ＥＱ，而我們可以幫助他們達成目標。他們可以更有效率地達到自己的目標，而且同時打造世界和平的基石。

終於和丹尼爾見到面時，我幾乎不能克制自己。我興致勃勃地向他解釋世界和平的計畫，激動到差點拍桌。我說：「丹尼爾，這就是我們在談的世界和平，世界和平！」丹尼爾看得出來有點不自在，他只不過是來 Google，第一次和一群賴瑞的朋友同事碰面，然後就有一個職銜搞笑的瘋狂年輕人，跑過來說要創造世界和平。場面實在有點滑稽。是的，改變世界的道路，常常是用滑稽荒謬的片刻鋪成的。

丹尼爾和我後來成了朋友。透過丹尼爾和賴瑞的牽線，我得以再認識兩位了不起的人：米拉貝．布許及諾曼．費雪。米拉貝是入世禪觀心靈中心（Center for Contemplative Mind in Society）的執行長，非常慈悲的一位女性，和丹尼爾及賴瑞都是好朋友，也和賴瑞一樣，一生致力於貢獻於人類。諾曼是當今美國最紅的禪師，我特別對他印象深刻。他充滿智慧、聰明、博學，非常有靈性，但又不脫世俗現實，相當善於將深邃的修練應用到日常生活中。有了丹尼爾、米拉貝及諾曼，課程的大師都已齊備。接下來只需要說服 Google 的某人贊助這個課程，而 Google 學院（內部員工教育集團，目前名為 GoogleEDU）最後答應了。

有了 Google 學院的贊助，米拉貝、諾曼和我一起策劃以靜觀禪修為本的ＥＱ課程內容，而丹尼爾成了我們的顧問，提供我們他的專業和智慧。和米拉貝及諾曼共處一室，我發覺我們三人都有輝煌的散發。米拉貝散發出慈悲，諾曼散發出智慧，而我散發出體溫。

課程發展小組最後擴增，加入另外三位才華洋溢的夥伴，各有所長。馬克．雷瑟是揮翰出版（Brush Dance Publishing）的創始者兼前任執行長，也是兩本商業書籍的作者，他帶入了實戰企業專業知識。菲利普．高定是史丹佛大學的神經科學學者，他帶入了科學的寬度與廣度。伊鳳．金斯柏格是執業的治療師，在耶魯大學任教，她加深了課程裡的個人面向。三位也都是相當受人敬重的禪修導師，各擅勝場。我們現在有了魅力天團。

在課程發展的同時，我也招募了各個領域的人，形成志工團，來執行課程。團隊包括喬爾・芬柯斯坦（Joel Finkelstein），按摩治療師；大衛・勒皮迪斯（David Lapedis），招募人員；朱鴻雋博士，工程師；瑞秋・凱（Rachel Kay），學習專家；以及我，Google 的開心一哥。，當時 Google 學院的負責人彼得・艾倫博士（Dr. Peter Allen）是整個計畫的守護神，本身也積極參與。我告訴團隊中每一個人加入這項工程沒有回報，只有無償的辛苦付出，完全沒有一分一毫可拿——除了有機會可以創造世界和平。令人驚訝的是，他們都想參與。為了世界和平大家願意這麼付出，很令人讚嘆。

課程的名稱是「搜尋內在自我」（SIY）。這是喬爾建議的，當時大家都哈哈大笑。一開始我不太喜歡這個名字，但我的人生哲學是如果每個人都笑了，那應該是正確的選擇，所以我同意了。

「搜尋內在自我」課程從二〇〇七年起在 Google 教授，數千人因此受益，有時候還改變了他們的人生。因為課程非常有效，所以現在我們準備「公開資源」，讓 Google 外的人也可以享用。本書是這個努力的一部分。

至於剩下的，如他們所言，就是以後的歷史了。

跋

閒來無事，拯救世界

——有空時加入一句有趣引言——

有一次我和禪師瓊安・哈利法克斯上師散步，她是我的好友，和我情同手足。我有時候開玩笑稱她為「小妹」，因為她「僅」大我三十歲。我們邊走邊聊，聊到人生、無為的心靈修練，還有懷抱奉獻世界、普渡眾生的大志（我們戲稱「拯救世界」）。我們也開玩笑說，嚮往當個懶惰、端坐蒲團的禪修者，又同時是孜孜不倦的菩薩，實在有點矛盾啊！

這場對話我印象最深刻的，就是我深受上師生命的鼓勵。上師是我有幸遇到最慈悲的心靈，看著她的眼睛，你就了然於心，因為她有我見過最溫柔、最慈悲的雙眼。她一生中默默付出，很了不起，花了好幾十年關懷、撫慰臨終的人。她也是一間禪修中心的創辦人，並擔任「心靈與生命學會」的理事，持續造福許多人。

上師總是忙著付出，以造福他人，但你會覺得她只是做一件再自然不過的事，而且還樂在其中。我思考著上師的生命，突然想到她的生命意義，也能在我有幸共處的許多鼓舞啟發人心的智者身上見到：薩古魯・加吉・瓦殊戴夫（Saadhguru Jaggi Vasudev），瑜伽大師，他的組織創下單日種下最多樹的世界紀錄；阿里耶拉涅（「阿里博士」）（A. T. Ariyaratne），虛懷若谷的英文教師，立志要到各地助人，後來在斯里蘭卡創立最大的非政府組織；馬修・李卡德，除了是世界上最快樂的人之外，也經營人道組織，無償造福許多人；當然，還有達賴喇嘛。

這些菩薩都把自己對人類持續不懈的奉獻，當作僅是給自己帶來快樂的理所當然之舉。雖然他們經常比許多我認識的過勞的企業主管還忙碌，他們有時候會打趣說自己很

「懶惰」。以達賴喇嘛為例，儘管他行程繁忙，他卻說：「我什麼都沒做。」這些人也都充滿喜樂，薩古魯說我的職銜「開心一哥」也應該適合他。

我領悟到「拯救世界」困難重重，相當耗力，如果你拚命去「拯救世界」，大概撐不了多久。比較好的做法，反而是著重於培養內在和平、慈悲心及抱負。當內在和平、慈悲心及抱負都很強時，你就會自然而然地做出悲天憫人的舉動；因為出乎自然，所以能夠源源不絕。

偉大的一行禪師也是另一位活菩薩，不辭辛勞地在對世界奉獻，他稱自己為「懶和尚」。他用詞很美：「要致力於入世的工作，你必須先學佛陀學到的，也就是靜心。然後，你不必採取行動，讓行動帶領你。」

你不必採取行動，讓行動帶領你。

在感動之下，我寫了這首詩：

〈懶菩薩〉

心平如靜水，慈悲植心靈。
天天立雄志，普渡天下民。
志向當強烈，慈悲放光芒。
濟世不拚命，無為順自然。

所做平常事，造福天下人。
你這活菩薩，救世也好玩。
朋友們，願你保持懶惰，願你拯救世界。

謝辭

如果我看得比別人遠一點，那是因為我站在巨人的肩上。

——牛頓

嘿，有個人站在我們的肩膀上。

——巨人

本書是關於把智慧應用在真實生活中，但這些智慧其實都不是出自於我。智慧早就存在各處，由世世代代睿智的男男女女來實踐、傳授、體現，很多人就在我們身邊。我看見偉大的人，行走與一般人無異，甚至不知道自己偉大。

我並沒有創造智慧。我所做的，只是把智慧轉化成連我都能懂的言語。我不過是智者的翻譯，這麼看來，他們才是本書真正的作者，我只是在鍵盤上打字的人。

首先，我要感謝我汲取智慧的水源。我敬他、愛他，熟讀他的教誨，在我心中，我叫他最可愛的「老父親」，而別人都稱他為「佛陀」。對那些把他的教誨傳下來，特別是把他的教誨直接傳給我的人，我銘感五內。這些人有已故的葛榮居士（Godwin

Samararatne）（我第一位禪修導師）、尊者桑傑・卡卓（Sangye Khadro）、菩提比丘（Bhikkhu Bodhi）、達彌卡法師（S. Dhammika）以及馬修・李卡德；尊者詠給・明就仁波切；一行禪師、諾曼・費雪禪師、楊真善法師（Shinzen Young）以及瓊安・哈利法克斯上師；另外還有入世的導師喬・卡巴金、莎拉・凱薩琳，以及艾倫・華勒士。我很感激法王達賴喇嘛在當代世界中明示大智大慧、慈悲與幽默，還在我四十歲生日時給我擁抱，他使得不惑之年變得可以忍受。我感謝這些人，以及許許多多深化我心靈的人。

我感謝讓我在傳統信仰中看見同樣智慧與慈悲的人。我讀「登山寶訓」、知曉耶穌基督的生命時特別感動。感謝我在大學時代邂逅的美麗女子——辛蒂，把祂引進我的生命。我後來成功地把辛蒂騙到手，喔，不，是說服她嫁給我。還有許多摯友，也加強了我對基督的著迷。其中一位是聖本篤修會的教士——達味修士（Brother David Steindl-Rast），他深沉的平靜與和善的氣質，令我印象深刻。另一位是羅德博士（Dr. Stuart Lord），他是浸信會牧師，同時又做佛教禪修，也經營一所一流的佛教大學。其他的摯友，像是諾曼・費雪，就證明你可以同時是虔誠的猶太教徒和佛教徒（他還是受過正統訓練的佛教禪師）。感謝他們和其他的人，打開了我的心。

有個故事我得說一說：從前，有三個天資聰穎的年輕人，想要貢獻社會，因此結為摯友。這三人名叫丹尼爾、理查、喬。長大之後，他們都成為世界知名的風雲人物，各自走出自己的一片天，但每個人的成功都完美地互相匹配。丹尼爾就是丹尼爾・高曼，他成為非常成功的作家，普及了ＥＱ的概念。理查是理查・Ｊ・戴維森，他成為備受尊崇的科學家，在諸多成就中，倡導禪修修練背後的科學。喬是喬・卡巴金，他是把靜觀禪修帶入主流醫學的第一人，也在此過程中，將靜觀禪修帶入主流的當代文化。缺了他們任何一位，我就不可能有今天的成果。如果丹尼爾沒有倡導ＥＱ，如果理查沒有開闢神經科學領域，如果喬沒有將靜觀禪修引入主流，「搜尋內在自我」的課程就不可能成功。我站在這幾位巨人的肩膀上。真為他們感到慶幸，因為我還不算太肥，至少目前還沒。

感謝「搜尋內在自我」團隊，你們的努力直接促成了本書。我想再次謝謝丹尼爾・高曼，他積極的支持讓「搜尋內在自我」成真。我要謝謝「搜尋內在自我」的講師群，不只開創了課程，還成為我的老師。諾曼・費雪、米拉貝・布許、馬克・雷瑟、伊鳳・金斯柏格以及菲利普・高定，每一位都教了我珍貴的事情。感謝「搜尋內在自我」的核心團隊，實際執行讓課程付諸實現，他們是：朱鴻雋博士、Joel Finkelstein、David Lapedis、Rachel Kay、Albert Hwang、Monika Broecker、Jenny Lykken、Terry Okamoto、Sara McCleskey，以及用各種方式自願協助的許多人。另外要特別一提 Albert 和 Jenny，他們兩位建立了課程的某些部分，即使不是正式名列講師群，也幫助我們教授一些課程，他們表現出超齡的才幹。我也要感謝 GoogleEDU（早期叫做 Google 學院）之前的老闆認同「搜尋內在自我」，尤其是彼得・艾倫，身為當時 Google 學院的負責人，成為我們第一位「守護神」；另外要謝謝他的經理保羅・羅素

（Paul Russell），最終批准此計畫，之後竭盡所能地支援。保羅自謙地打趣：他對「搜尋內在自我」最大的貢獻，就是「沒有說不」。感謝 Google 其他的經理，在許多時候都給予重要的幫助：Jun Liu、Erica Fox、Stephan Thoma、Evan Wittenberg，以及凱倫．梅。特別要感謝凱倫，她不但是我遇過最棒的經理，也是有高度同理心經理的典範。凱倫是我共事過最有同理心的人，我都叫她「同理心女王」，她也是資深經理中極少數廣受部下愛戴的。

謝謝所有才華洋溢的朋友，在不好意思拒絕的情況下，同意合作此書。其中最感謝的就是為本書畫插圖的吳榮平（Colin Goh），他是我的朋友兼顧問，而且還是得過獎的漫畫家、導演，並擁有法律學位——簡直是十項全能了！Christina Marini 是我的研究助理，能幹且勤奮，如果你們要找人，能夠雇用她是你的福氣。Jill Stracko 在寫作上給我諸多建議，還騰出時間幫我修稿。Jill 曾是白宮的首席文膽，所以她大方相助，給我建議，我深感榮幸。我的經紀人 Stephanie Tade，簡直不可多得。當初招募經紀人時，我給這個工作夥伴訂了一個不合理的高門檻。諸多條件之中，我還要求應徵者有禪修背景、慈悲為懷、事業成功，而且願意用顛覆傳統的方式做事情。當然我不報期望會有這樣的人存在，但卻在兩週之內找到她，這要感謝 Jim Gimian 及 Bob Stahl 的幫忙。我從我的編輯 Gideon Weil 身上學到很多，和他及 HarperOne 出版社的每一分子合作很愉快，包括出版人 Mark Tauber。我也要謝謝菲利普．高定和湯瑪斯．路易斯給我可貴的科學建議。最後，我很感謝花時間把初稿整個讀一遍，給我許多寶貴建議的朋友，包括 HueAnh Nguyen、華祖光、Olivia Fox、陳嬿茜、Tom Oliver、易建仁、杜牧真與 Kathrin O'Sullivan。

我小時候沒專心學好中文，長大後長期在美國定居，所以中文文學程度越來越差。幸好我有許多華裔朋友一直幫我，還耐心助我過目此中文版（耐心到連一次都沒有敲我的頭）。我最要感謝的是好友楊蕾博士。其他朋友包括龔水怒、施成軍、孫青、林中智、孫果明與郭曼文。還要感謝中文版編輯丁慧瑋與譯者謝儀霏，她們常要為我特別加班，不過也沒辦法，誰叫我長得這麼帥，這麼令人難以抗拒。

感謝我的父母，讓我不愁吃穿住（我在亞洲的童年時代，做到這點並不容易），讓我在成長過程中無憂無慮。我也很感謝美麗的妻子——辛蒂，至今還沒有把我踢出大門。最後，我很感謝我的女兒——恩雅，成為我生命中的至愛，也愛著我這個老爸。

大家的恩情，我只能用這首詩勉強報答，因為不用花半毛錢：

走吧走吧，
超越凡心，
大家都走，
歡迎覺悟！
（梵文原文為：揭諦揭諦，波羅揭諦，波羅僧揭諦，菩提薩婆訶！）

推薦書目與相關資源

書籍

什麼？你還有時間閱讀？真好命。我連自己的書都沒時間讀了，對了，那作者我滿欣賞的，他很風趣。朋友們，以下這些書，可以幫助你瞭解更多《搜尋你內心的關鍵字》裡談到的主題。

基本上，我在註釋中提到的所有書目都值得一讀，但如果你時間不多，只能讀其中一小部分，那麼下列書籍就是我最最推薦的精華書單。

如果讀完《搜尋你內心的關鍵字》之後，你的時間只足以再讀一本，那麼請讀《比要求加薪更難以啟齒》。這本書很實用，輕薄易讀。你可以在長程班機上一口氣讀完，但書中道盡所有關於進行困難對話的最佳步驟。我極力推薦。

如果你想更進一步瞭解ＥＱ（情緒智能），沒有比丹尼爾．高曼的《ＥＱ》更好的作品了。這本書能暢銷幾百萬冊不是沒有理由的，絕不只是因為丹尼爾長得帥。如果你想瞭解ＥＱ應用在職場上的種種，丹尼爾另一本《ＥＱⅡ：工作ＥＱ》是你的首選。

關於靜觀和禪修，有三本書我極力推薦，你可以讀任何一本或是三本都讀。佛學傳統把靜觀之心稱之為「念」，所以有些本書把靜觀禪修稱為「正念」。我極力推薦的第一本書是一行禪師的《正念的奇蹟》。一行禪師是一位偉大的禪師，就我所見，他本人幾乎完美地實踐了靜觀禪修。他的諸多好書中，《正念的奇蹟：每日禪修手冊》是我最喜歡的一本。這本書原本是一行禪師寫給朋友的一封長信，所以用輕鬆隨和、溫暖人心的方式來呈現靜觀。

另一本關於靜觀的好書是喬．卡巴金的《當下，繁花盛開》。這本靜觀的導引書非常細膩、易讀、充滿詩意美感，相當深入地呈現靜觀的精髓。喬本人是個超級聰明的人，將深厚的靜觀與慈悲為懷親身實踐。他的書反映出他的個性，以及身為老師的卓越技巧。

第三本我推薦的禪修好書是明就仁波切的《世界上最快樂的人》。明就是塊寶玉，他是個偉大的禪修天才，十三歲時用心靈的力量戰勝了他的恐慌症，十六歲的稚齡就被任命為上師。《世界上最快樂的人》是一本美妙的禪修書籍，交織著明就動人的生命故事。

上述三本書，如果你只有時間讀一本，我建議讀《正念的奇蹟》，因為篇幅短又溫馨。如果你想進一步瞭解情緒神經科學，我要推薦你一本好書《The Emotional Life of

Your Brain》，由該領域權威的理查．戴維森所著。該書會讓你手不釋卷。

Richard J. Davidson and Sharon Begley, The Emotional Life of Your Brain: How Its Unique Patterns Affect the Way You Think, Feel, and Live--and How You Can Change Them (Hudson Street Press, 2012).

如果你對破壞性情緒相關的科學、哲理、實踐有興趣的話，請讀丹尼爾．高曼的《破壞性情緒管理：達賴喇嘛與西方科學大師的智慧》。世界上最頂尖的學者針對這個主題，在達賴喇嘛的私人客廳中進行精采的對話，而丹尼爾的書留下了一切紀錄。如果你對神經科學具體應用在職場上有興趣的話，絕對不可錯過大衛．洛克的《高效能人士的思維導圖》（簡體版《高效能人士的思维导图》）。此書易讀易懂，內容豐富有趣，有詳盡的科學佐證，適合當作工程師社交技巧課程的教材。我大力推薦這兩本書，特別給跟我一樣的書呆子俱樂部會員。

最後，我總告訴朋友，如果一輩子只讀一本商業書籍，那一定要讀吉姆．柯林斯的《從A到A+》。比起其他我知道的書，這本書最能告訴你如何經營卓越的企業。

影片

你是喜歡看影片勝過看書的類型？那我也有資源可以提供給你喔，熱愛影片的朋友。Google 有一系列和個人成長相關的優質演講，多半由鄙人主持。這一系列可以在 http://siybook.com/a/googletalks 上找到。

和我們最相關的三段精采演講，分別由三位好友主講，藉由他們的力量，我們才創辦出「搜尋內在自我」課程。這三位是丹尼爾．高曼、喬．卡巴金以及理查．戴維森。影片分別為：

- 丹尼爾．高曼談ＥＱ：http://siybook.com/v/gtalk_dgoleman
- 喬．卡巴金談靜觀：http://siybook.com/v/gtalk_jkz
- 理查．戴維森談禪觀神經科學：http://siybook.com/v/gtalk_rdavidson

對大腦科學有興趣的人，另外還有和「搜尋內在自我」有關的三場大腦科學演講，分別是：

- 菲利普．高定談情緒的神經科學：http://siybook.com/v/gtalk_pgoldin
- 湯瑪斯．路易斯談同理心的神經科學：http://siybook.com/v/gtalk_tlewis
- 大衛．洛克談工作上的大腦：http://siybook.com/v/gtalk_drock

我放在 Google 站上有關禪修的演說中，我最喜歡的是楊真善禪師講的。

- 楊真善法師談靜觀禪修的科學與實踐：http://siybook.com/v/gtalk_shinzen

有一些我最愛的影片來自ＴＥＤ開放式演講平台，可以在 www.ted.com 找到。我要提出幾段是喜愛《搜尋你內心的關鍵字》的讀者也會感興趣的。

- 丹尼爾・品克談意想不到的激勵科學：http://siybook.com/v/ted_dpink
- 吉兒・泰勒（Jill Bolte Taylor）談「中風經驗」：http://siybook.com/v/ted_jbt
- 拉瑪查杜藍（V. S. Ramachandran）談腦損傷對於心智的啟示：http://siybook.com/v/ted_vsr
- 丹尼爾・卡內曼（Daniel Kahneman）談「經驗的我」和「記憶的我」對快樂的覺察何以不同：http://siybook.com/v/ted_dkahneman
- 陳一鳴談如何在企業中實踐慈悲心：http://siybook.com/v/ted_meng

這些ＴＥＤ演講中，最後一筆是我的最愛，原因我也不知。

其他資源

更多資源請見 http://www.siybook.com，包括你可以用來在自己公司開辦「搜尋內在自我」的相關資源。

國家圖書館出版品預行編目資料

搜尋你內心的關鍵字 / 陳一鳴 Chade-Meng Tan 著
; 謝儀霏譯. -- 初版. -- 臺北市:平安文化,2013.
06
面;公分. --（平安叢書;第415種）（UPWARD
; 047）

譯自:Search Inside Yourself: the unexpected path
to achieving success, happiness (and world peace)

ISBN 978-957-803-866-0（平裝）

1. 自信 2. 生活指導

177.2   102008939

平安叢書第 0415 種
UPWARD 47

搜尋你內心的關鍵字
SEARCH INSIDE YOURSELF

SEARCH INSIDE YOURSELF: The Unexpected Path to
Achieving Success, Happiness (and World Peace) by
Chade-Meng Tan
Copyright © 2012 by Chade-Meng Tan
Complex Chinese Translation copyright © 2013 by Ping's
Publications Ltd.
Published by agreement with HarperCollins Publishers, USA
through Bardon-Chinese Media Agency
博達著作權代理有限公司
ALL RIGHTS RESERVED

作　　者—陳一鳴
譯　　者—謝儀霏
插　　圖—吳榮平
發 行 人—平雲
出版發行—平安文化有限公司
　　　　　台北市敦化北路 120 巷 50 號
　　　　　電話◎ 02-27168888
　　　　　郵撥帳號◎ 18420815 號
　　　　　皇冠出版社（香港）有限公司
　　　　　香港上環文咸東街 50 號寶恒商業中心
　　　　　23 樓 2301-3 室
　　　　　電話◎ 2529-1778　傳真◎ 2527-0904
美術設計—王瓊瑤
著作完成日期— 2012 年
初版一刷日期— 2013 年 06 月
初版九刷日期— 2020 年 08 月
法律顧問—王惠光律師
有著作權 · 翻印必究
如有破損或裝訂錯誤,請寄回本社更換
讀者服務傳真專線◎ 02-27150507
電腦編號◎ 425047
ISBN ◎ 978-957-803-866-0
Printed in Taiwan
本書定價◎新台幣 320 元 / 港幣 107 元

● 皇冠讀樂網:www.crown.com.tw
● 皇冠Facebook:www.facebook.com/crownbook
● 皇冠Instagram:www.instagram.com/crownbook1954
● 小王子的編輯夢:crownbook.pixnet.net/blog